Studien zum Altägyptischen Totenbuch

Herausgegeben von
Ursula Rößler-Köhler

Band 18

2013

Harrassowitz Verlag · Wiesbaden

Annik Wüthrich / Simone Stöhr

Ba-Bringer und Schattenabschneider

Untersuchungen zum so genannten Totenbuchkapitel 191 auf Totenbuchpapyri

2013

Harrassowitz Verlag · Wiesbaden

Bibliografische Information der Deutschen Nationalbibliothek
Die Deutsche Nationalbibliothek verzeichnet diese Publikation in der Deutschen Nationalbibliografie; detaillierte bibliografische Daten sind im Internet über http://dnb.dnb.de abrufbar.

Bibliographic information published by the Deutsche Nationalbibliothek
The Deutsche Nationalbibliothek lists this publication in the Deutsche Nationalbibliografie; detailed bibliographic data are available in the internet at http://dnb.dnb.de.

Informationen zum Verlagsprogramm finden Sie unter
http://www.harrassowitz-verlag.de

Gedruckt auf alterungsbeständigem Papier.
Druck und Verarbeitung: Hubert & Co., Göttingen
Printed in Germany

ISSN 1430-9726
ISBN 978-3-447-06865-9

„Le corps était resté de l'autre côté de la porte, l'ombre, elle, allait où vont les âmes mortes."

Laurent Gaudé, *La porte des enfers*

Inhalt

Vorwort

Die Idee zu dieser Untersuchung entstand im Totenbuch-Projekt Bonn, dem beide Autorinnen zu unterschiedlichen Zeiten angehörten. Die Ausgangsbasis konnte Simone Stöhr in ihrer aktiven Projektzeit mit der Durchsicht des Materials und der Quellensammlung zum *jnj-bꜣ*-Spruch legen. Annik Wüthrich führte die Arbeiten fort und ist für die eigentliche Abfassung des Buches sowie die Übersetzung, die Synopse und den Kommentar verantwortlich. Bei der Schlussredaktion sowie in „Deutsch-Fragen" brachte sich Simone Stöhr wieder ein. Das vorliegende Buch wurde somit quasi vierhändig geschrieben und stellt das Ergebnis einer engen Zusammenarbeit der beteiligten Wissenschaftlerinnen dar.

Wir möchten an dieser Stelle einigen Kolleginnen und Kollegen namentlich danken, ohne deren Unterstützung das Projekt in der vorliegenden Form nicht möglich gewesen wäre. Unser Dank gilt zunächst den Kuratoren der Museen, die uns das unpublizierte Material, das für die Entwicklung der Synopse notwendig war, zur Verfügung gestellt haben: Verena Lepper (Ägyptisches Museum und Papyrussammlung Staatliche Museen zu Berlin), Richard Parkinson (British Museum, London), William Voelkle (Pierpont Morgan Library, New York), Guillemette Andreu und Marc Etienne (Musée du Louvre, Paris), Giuseppe De Martini (Musei civici del Castello Visconteo, Pavia) sowie Antonio Paolucci und Alessia Amenta (Musei Vaticani, Vatikanstadt). Wir möchten auch Hisham el-Leithy vom SCA in Ägypten danken, der es uns erlaubt hat, auf die Sarkophage der Spätzeit im Ägyptischen Museum Kairo zuzugreifen, ebenso wie Claus Jurman, der uns freundlicherweise Fotos des Sarges Wien ÄS 1 zugänglich gemacht hat. An dieser Stelle sei zudem Annie Gasse für ihre wertvollen Informationen über den Papyrus Vatikan 38596 gedankt.

Ein Buch zu verfassen benötigt immer die Hilfe und die Bereitschaft zum Zuhören von Kollegen und Freunden. Der Kommentar des Textes wurde während des Arbeitstreffens der Seminare für Ägyptologie in Nordrhein-Westfalen in Köln (2011) und schließlich in Bonn im Rahmen des 3. Internationalen Totenbuch-Kolloquiums (2012) vorgestellt. Die Anmerkungen und Beobachtungen der Akteure dieser beiden Tagungen erlaubten es uns, diesen Part zu verbessern und anzureichern. Wir bedanken uns bei allen Beitragenden für ihre hilfreichen Hinweise und Diskussionsbeiträge.

Unser besonderer Dank gilt Burkhard Backes und Emmanuel Jambon sowie unseren Kolleginnen und Kollegen des Totenbuch-Projektes, Florence Albert, Rita Lucarelli und Marcus Müller-Roth für ihre stete Diskussionsbereitschaft und Unterstützung.

Schließlich möchten wir Ursula Rößler-Köhler als Herausgeberin der Studien zum altägyptischen Totenbuch, in denen unsere Untersuchung erscheint, danken. Die Publikation wird als Vorhaben der Nordrhein-Westfälischen Akademie der Wissenschaften und der Künste im Rahmen des Akademienprogramms von der Bundesrepublik Deutschland und dem Land Nordrhein-Westfalen gefördert.

Tübingen / Bonn September 2012 — Annik Wüthrich / Simone Stöhr

1. Einleitung

1.1 Generelle Überlegungen

Untersuchungen zu einem einzigen Spruch oder mehreren Sprüchen des Totenbuches erfahren, insbesondere seit der Gründung des Totenbuch-Projektes der Universität Bonn, ein Wiederaufleben des Interesses. Dabei stimmen die meisten Forscher darin überein, dass die große Mehrheit der bekannten Texte, die in diesem Korpus vorhanden sind, weniger Übersetzungsprobleme bereitet, sondern vielmehr hinsichtlich ihrer Interpretation relativ unverständlich bleibt.

Eines der Haupthindernisse der Untersuchung eines einzelnen Kapitels besteht in der Schwierigkeit, Zugang zu verschiedenen Varianten zu erlangen. Diese Art von Arbeit muss allerdings obligatorisch mit der Etablierung des Textes beginnen. Um dies zu erreichen, ist die größtmögliche Anzahl an Kopien des Spruches während seiner gesamten Belegzeit zu sammeln. Danach ist anhand einer Synopse der Vergleich der Versionen miteinander erforderlich, um bekannte Varianten zu identifizieren. Häufig ermöglichen diese Varianten ein besseres Verständnis des Spruchinhaltes, der im Laufe der Zeit uminterpretiert wurde – und dies weil manchmal seine Erstversion zum Kopierzeitpunkt bereits zu unverständlich war.

Idealerweise sollte eine solche Vorgehensweise für jeden einzelnen Spruch des Totenbuches erfolgen. Diese Textsammlung besteht aus etwa 250 identifizierten und nicht identifizierten Einzelsprüchen. Die Anzahl an Objekten, die einen Spruch oder mehrere Sprüche tragen, geht an die 4000, sodass eine derartige Unternehmung noch etliche weitere Jahre benötigen würde, bevor man den Anspruch auf Vollständigkeit erheben könnte und dadurch eine Gesamtschau über die Jenseitskonzepte vom Neuen Reich bis zur ptolemäischen Epoche erhalten würde.

Die vorliegende Arbeit ist aus dieser Perspektive heraus verfasst worden. Sie beschäftigt sich mit dem Kapitel 191 des Totenbuches oder *jnj-bꜣ*-Spruch, dessen erste Besonderheit darin besteht, dass er erst ab dem Ende der 30. Dynastie belegt ist. Seine Untersuchung deckt daher mehrere Interessen ab. In erster Linie erlaubt der Spruch aufgrund seiner klaren zeitlichen Abgrenzung die Frage nach den Konzepten seines Inhaltes zu stellen. Denn man kann sich fragen, ob er die theologischen Entwicklungen seiner Redaktionszeit widerspiegelt, die relativ nah an seinem Erscheinen in den Quellen gelegen haben muss.

Die Wichtigkeit der Vereinigung des Leichnams mit dem Ba ist ein zentrales Thema. Der Text enthält eine Beschreibung der Strecke, die der Ba im Hinblick auf die Regeneration des Verstorbenen bewältigen muss. Er zeigt außerdem selten in der ägyptischen Totenliteratur bezeugte Entitäten, die sich ebenfalls in den Vorgang der Wiederbelebung des Leichnams einordnen: „den Ba-Bringer" und „den Schattenabschneider".

Der Text weist zudem die Eigentümlichkeit auf, auf mehreren Textträgern und in verschiedenen Kontexten aufgezeichnet worden zu sein. Der in den Totenbuchpapyri und in einem Grab in Atfih verwendete Spruch scheint zu einem Kontext zu gehören, der dem der anthropoiden Sarkophage vom Ende der 30. Dynastie ähnlich ist. Die Hauptfunktion des Kapitels ist in diesem Fall, die Wiedergeburt des Verstorbenen im Jenseits zu sichern, indem insbesondere dessen Schicksal an das des Sonnengottes angeschlossen wird.

In den Verklärungstexten ist der Kontext ein leicht anderer. Wenn man der Theorie von J. Assmann folgt, dass die Verklärung I die Rituale der Balsamierungsnacht beschreibt, dann kommt der Spruch am Ende des Reinigungs- und Balsamierungsrituals vor und hat daher eine zweifache Funktion: zuallererst die der Sicherung des Fortlebens des Leichnams im

Hinblick auf seine Regeneration und dann die der Sicherung der Wiedervereinigung der verschiedenen gereinigten Personenkonstituenten vor der Bestattung.

Im Bereich des Totenbuches besteht ein wichtiges Merkmal dieses Textes darin, dass er nur in einem besonderen Typ von Handschrift vorkommt. Es handelt sich um die Weiterführung einer in der Dritten Zwischenzeit entstandenen Tradition, bei der lediglich eine Textauswahl auf Papyri geschrieben wurde, die ein kleineres Format besitzen – die so genannten „abrégés". Die Totenbuch-Exemplare, die Tb 191 beinhalten, sind auf Papyrusbinden oder auf kleinformatigen Papyri geschrieben und geben eine Auswahl an Sprüchen oder Texten wieder, die aus anderen Korpora als dem Totenbuch stammen. Eine Ausnahme von dieser Beobachtung stellt P. Chicago OIM 9787 dar, bei dem der Text hinter die Gesamtheit der Texte der Saitischen Rezension – wie ein Annex zum traditionellen Korpus – gesetzt wurde. Diese besondere Stellung des Spruches in P. Chicago OIM 9787 und sein Vorkommen in anderen Textkorpora lässt vermuten, dass Tb 191 vielleicht nicht ein Spruch des Totenbuches, sondern ein Spruch eines anderen Textrepertoires ist, der aus speziellen Gründen in die funerären Texte der Spätzeit übernommen wurde.

Diese Bemerkung zieht die allgemeinere Frage nach sich, was ein Totenbuch eigentlich ist. Stellt das, was R. Lepsius 1842 publiziert hat, um die Zusammenstellung von 165 Texten bekannt zu machen, die von den Ägyptern unter der Bezeichnung *pr.t m hrw* „Herausgehen am Tag" zusammengefasst wurden, wirklich die Quintessenz dieses Korpus dar[1]? Fest steht, dass es seit der 26. Dynastie und vielleicht in noch deutlicherer Weise in der Ptolemäerzeit eine standardisierte Version dieser Zusammenstellung von Texten gibt, die mehr oder weniger auf dieselbe Art und Weise geordnet und illustriert sind und nur sehr wenige signifikante Varianten besitzen – ganz im Gegenteil zu den Verhältnissen während der vorangegangenen Epochen, weswegen man von der Saitischen Rezension spricht.

Dieser Manuskripttyp scheint gewissermaßen ein „Massenprodukt" geworden zu sein, das jedoch einer soziologisch schwer identifizierbaren Elite vorbehalten bleibt[2]. Die Massenproduktion lässt sich beispielsweise an Papyri feststellen, die angesichts des ausgesparten Platzes, in den der Schreiber den Namen und manchmal auch die Titulatur oder die Genealogie des Verstorbenen einsetzen sollte, eindeutig nicht das Ergebnis eines persönlichen Auftrages sind. Dieser Freiraum ist manchmal zu erheblich und somit ein deutlicher Hinweis, dass der Papyrus nicht für eine spezielle Person angefertigt wurde. Diesen Eindruck bestätigt eine Anzahl von Papyri dieses Typs, die eindeutig für einen Mann hergestellt wurden (Abbildung eines Mannes in den Vignetten, Verwendung von maskulinen Pronomina und Artikeln zur Kennzeichnung des Verstorbenen etc.), aber definitiv einer Frau gehörten[3]. Die Auswahl der zusammengestellten Texte eines Papyrus scheint nicht mehr durch den Eigentümer des jeweiligen Manuskriptes erfolgt zu sein, obwohl manchmal Spuren von Individualität auftreten, wie beispielsweise bei denjenigen Papyri, bei denen die Vignetten Elemente enthalten, die die Titel des Manuskriptbesitzers aufgreifen.[4]

---

1 Man beachte, dass kein weiteres Manuskript existiert, das exakt dieselbe Textabfolge zeigt wie P. Turin 1791.

2 Die Frage der Vignetten ist in dieser Art der Diskussion nicht berücksichtigt, allerdings ist es unbestreitbar, dass man bei der Erörterung einer „Massenproduktion" eine gewisse Anzahl von Vignettenvarianten in Betracht ziehen muss, die sich wahrscheinlich auf die „künstlerische" Qualität ihrer Zeichner zurückführen lassen.

3 Siehe beispielsweise VERHOEVEN, *Iahtesnacht*.

4 Siehe ALBERT, „Quelques observations sur les titulatures".

Parallel zu dieser „Massenproduktion“, die mehr als die Hälfte der Papyri umfasst, findet man eine Reihe von Manuskripten, die als personalisiert gelten können. Es handelt sich dabei um Papyri unterschiedlicher Größe, die als Gemeinsamkeit alle eine spezifische Wahl der wiedergegebenen Texte aufweisen. Innerhalb dieser Kategorie lassen sich die Totenbücher abgrenzen, die nach dem Prinzip *pars pro toto* zusammengestellt sind und in denen einzelne Texte vollständig oder nur teilweise niedergeschrieben wurden. Diese Texte stellen möglicherweise die unverzichtbare Ausstattung des Verstorbenen dar, um im Jenseits zu überleben und seine Wiedergeburt zu sichern.

Eine zweite Untergruppe des Totenbuches unterscheidet sich dadurch, dass die „traditionellen“ Kapitel neben Texten stehen, die zu angefügten Korpora wie den Pyramidentexten oder dem Amduat und sogar zu völlig neuen und unveröffentlichten Kompositionen gehören. Man kann daher vorschlagen, dass dieser Manuskripttyp einer Priesterelite eigen war, jedoch ist es sehr schwierig genau zu bestimmen, wen diese Personengruppe umfasst. Denn in der Mehrheit der Fälle sind die Titel der Besitzer relativ standardisiert und erlauben somit keine zufriedenstellenden Schlussfolgerungen. Dies betrifft auch den Herstellungsort, über den man größtenteils lediglich Vermutungen anstellen kann. Nichtsdestotrotz zeichnet sich eine deutliche Tendenz ab, nämlich die einer intellektuellen Elite, die Zugang zu Bibliotheken und anderen Lebenshäusern der Tempel hatte und die Texte auswählte, die sie für unverzichtbar für ein Weiterleben im Jenseits erachtete[5].

Muss man deswegen darüber nachdenken, ob dieser Manuskripttyp nicht zu dem von uns definierten Totenbuch gehört? Die Frage ist schwierig zu beantworten, vor allem vor dem Hintergrund, dass dieses Genre der Kategorisierung der Ägyptologie eigen ist, während hingegen die Ägypter niemals derartig strikte Grenzen zwischen den verschiedenen Korpora gezogen haben.

Tb 191 ist daher ein gutes Beispiel dafür, was mit den späten funerären Papyri, die an der Grenze mehrerer Genres liegen, geschieht. Gewisse Manuskripte zeigen deutlich eine „Öffnung“ zu anderen Korpora, was im Gegensatz zu der Idee einer Standardisierung des Totenbuches in dieser Epoche steht.

1.2 Forschungsstand zum *jnj-bꜣ*-Spruch

Der Text ist mindestens seit dem Jahr 1870 bekannt, in dem seine erste Übersetzung auf der Grundlage zweier im British Museum aufbewahrter Papyri durch S. Birch[6] in einem Artikel vorgelegt wurde, der sich mit den Herzsprüchen befasst. Mehrere weitere Übersetzungen auf Deutsch, Französisch und Englisch wurden bis 1952 veröffentlicht. In diesem Jahr erschien von T. G. Allen ein Artikel, der aus diesem Spruch und demjenigen, der ihn auf P. Chicago OIM 9787 (P. Ryerson) begleitet, die Kapitel 191 und 192 des Totenbuches machte[7].

5 ALBERT, *Le Livre des Morts d'Aset-Ouret.*
6 BIRCH, in: *ZÄS* 8 (1870), 31–32.
7 ALLEN, in: *JNES* 11 (1952), 177–186.

Der Ausdruck „addition“ im Titel seines Artikels ist zweideutig: Handelt es sich um ein ägyptisches Supplement zum Korpus des Totenbuches oder einfach um zwei neue Sprüche, die in diese Textmenge aufgenommen wurden?

Allen erinnert daran, dass beide Texte ohne Rücksicht auf den Textträger spät auftreten und dass, im Gegensatz zu der Behauptung H. Grapows[8], alle beide scheinbar fast gleichzeitig zum Zeitpunkt ihres Erscheinens im Totenbuch redigiert worden sind. Die Ideen, die sie beinhalten, sind in keinster Weise Neuheiten, besonders in Bezug auf die Anrufung an die verschiedenen Körperteile, die bereits in einer Liste in einem Grab der 18. Dynastie und sogar schon in einem Spruch der Sargtexte belegt ist[9]. In diesem Artikel stellt er eine Liste von ungefähr 20 Objekten auf, die den Text wiedergeben, und merkt zudem an, dass der Spruch oft in Verbindung mit Tb 72, Tb 89 und Tb 154 steht.

Einige Jahre später veröffentlicht J.-Cl. Goyon[10] einen Beitrag über diese beiden Texte, die er wie sein Vorgänger als eine Gruppe behandelt. Er weist nach, dass diese Texte nicht zum Totenbuchkorpus gehören, sondern in Wirklichkeit Auszüge aus funerären Ritualtexten sind, den *s3ḫ.w*, den Verklärungstexten, die im Rahmen der mit dem Kult des Osiris in Verbindung stehenden Rituale, besonders während des Choiak-Festes, verwendet werden. Seine Argumentation basiert grundlegend auf einer Reihe von Texten, die zum Zeitpunkt der Veröffentlichung des Artikels von Allen noch unediert waren. Goyon bemerkt sofort, dass die Spätzeit durch das Aufkommen neuer Texte gekennzeichnet ist, die hauptsächlich rituell sind und häufig an die Abfolge der Totenbücher angeschlossen wurden. Hier ist beispielsweise P. Paris Louvre N3079 zu nennen, der aus einem Totenbuch in seinem Anfangsteil und dann aus einer Folge von funerären Kompositionen in einem Anhang besteht. Es handelt sich also um eine Aneignung einer gewissen Anzahl von Texten rituellen Ursprungs und generell in Verbindung mit dem Osiris-Kult stehend. Er erkennt, dass die Existenz dieser Texte und ihre Unterscheidung vom Totenbuch ganz evident ist, wenn es sich um vollständige Texte mit Titel und Schluss handelt, aber dies sehr viel komplexer werden kann, wenn man sich isolierten Texten gegenübersieht, deren Herkunft zu bestimmen schwierig, wenn nicht sogar unmöglich ist.

Dies ist der Fall der beiden Sprüche des P. Chicago OIM 9787 (P. Ryerson). In seinem Artikel behandelt Goyon den *jnj-b3*-Spruch isoliert, d.h. ohne den Kontext, in dem er erscheint, und ohne die das Kapitel begleitenden Texte oder den Träger, auf den der Text geschrieben wurde, zu berücksichtigen. Seiner Meinung nach handelt es sich um Auszüge „de ce grand rituel osirien“ – des Verklärungstextes I –, die wegen ihrer besonderen Funktion ausgewählt wurden; der *jnj-b3*-Spruch, weil es unverzichtbar ist, dass der Ba im Moment, in dem diese Verklärungen rezitiert werden, anwesend ist.

J. Assmann hat den Text ebenfalls kommentiert. Er wurde von ihm in zwei Büchern veröffentlicht, zum einen in seiner Abhandlung zum generellen Thema Tod[11] und zum anderen in seiner Übersetzung der verschiedenen Verklärungstexte[12]. Im ersten Buch merkt er an, dass dieser Text hauptsächlich auf Sarkophagen der Spätzeit bezeugt ist und systematisch an der Stelle angebracht wurde, an dem man sich die Vereinigung des Ba mit dem Körper vorgestellt hat. Er verwendet den Text, um die Bedeutung aufzuzeigen, die dies für das wieder-

8 GRAPOW, „Anhang“, 60.
9 CT IV, 57d–58g (Sp. 304).
10 GOYON, in: *Fs Wessetzky*, 11–127.
11 ASSMANN, *Tod und Jenseits*, 117–118.
12 ASSMANN, *Totenliturgien* III, 212–215.

belebte Individuum besitzt, wenn es um die Wiederaneignung der verschiedenen Teile der Person des Verstorbenen während der Balsamierung geht. Er betont außerdem, dass der Text in den Zusammenhang des Balsamierungsrituals gehört, was im Rahmen der Verklärungen zweifelsfrei ist.

Der Text ist danach im Rahmen seines Vorkommens in den Verklärungstexten kommentiert. Assmann führt eine Reihe von Parallelen an, die alle in Zusammenhang mit der Vereinigung der verschiedenen Aspekte des Verstorbenen stehen.

1.3 Aufbau der Untersuchung

Das Kapitel 191 des Totenbuches ist also Gegenstand einiger mehr oder weniger bedeutender Untersuchungen. Im Folgenden soll ein Teil der Quellen vorgestellt werden, nämlich die Belege, die zur Kategorie des Totenbuches gehören. Zunächst werden die verschiedenen Quellen geordnet nach ihrem jetzigen Aufbewahrungsort präsentiert, dann folgt eine Zusammenstellung des Vergleichsmaterials. Letztere erhebt allerdings nicht den Anspruch der Vollständigkeit, insbesondere nicht in Bezug auf die Sarkophage und Särge. Das Ziel dieser Arbeit liegt klar auf der Untersuchung des Spruches auf Papyrus und im Kontext des Totenbuches. Der Text wird dann in einer synoptischen Edition vorgestellt, fortgesetzt von einer um einen sprachlichen Kommentar erweiterten Übersetzung, der wiederum eine Beschreibung der Quellen folgt. Daran schließt sich die Analyse der Textstruktur an und leitet zu einem philologischen und religiösen Kommentar über.

2. Quellenbeschreibung

2.1 P. Aberdeen ABDUA 84023, 1-7, P. Berlin 3158 A-G, P. Berlin 3159 A-D[1]

Bei diesen drei Papyri handelt es sich um eine Manuskriptgruppe, die in Theben gefunden und in einer Werkstatt für verschiedene Mitglieder einer Familie gefertigt worden ist[2]. *Rr.t*, der der P. Berlin 3158 A-G gehört, ist die Mutter des Besitzers des Papyrus, der im Marischal Museum von Aberdeen aufbewahrt wird. Dieser *Pꜣ-dj-Ḥr.w-pꜣ-ẖrd* wiederum ist der Vater der Besitzerin des dritten Manuskriptes P. Berlin 3159 A-D, die *Tꜣ-Itm* heißt. Die drei Papyri sind mit 2 bis 3 m relativ lang und mit 16 bis 17 cm gleich hoch.

2.1.1 Layout

Der Satzspiegel der drei „Papyrusbinden"[3] ist vergleichbar. Die Texte sind in Spalten mit Trennlinie zwischen jeder Kolumne angeordnet. Am Ende eines jeden Spruches markiert eine Doppellinie die Trennung der einzelnen Sprüche voneinander. Die Vignetten wurden oberhalb der Texte angebracht und sind farbig gestaltet. Sie beziehen sich in den meisten Fällen nicht auf die darunter stehenden Texte.

2.1.2 Sequenz der Texte und Vignetten

Die drei Manuskripte bezeugen mehrere Texte, die nicht in der so genannten „kanonischen Rezension" des Totenbuches bekannt sind. Die beiden Papyri des Berliner Museums sind vollständig und beginnen mit Tb 1 (Beginn der Sprüche vom Herausgehen am Tage und der Erhebungen der „Verklärten" im Totenreich, die man am Begräbnistag spricht) beziehungsweise mit Ausschnitten dieses Spruches. Möglicherweise bestand der heute verlorene Anfang von P. Aberdeen ABDUA 84023 ebenfalls aus diesem Spruch. Verschiedene Gebete und Anrufungen folgen Tb 1. Der *jnj-bꜣ*-Spruch befindet sich in der Mitte der Gesamtabfolge, allerdings ist die Textsequenz in den drei Manuskripten nicht völlig identisch.

Als „konventionelle" Sprüche findet man Tb 89 (Spruch, dass sich sein Ba im Totenreich zu seinem Leichnam gesellt) und Tb 72 (Spruch, um bei Tage herauszugehen und die Imhet-Unterwelt zu öffnen) in P. Berlin 3158 A-G. In P. Aberdeen ABDUA 84023 sind es Tb 79 (Spruch, um zu einem Großen im Gerichtshof zu werden), Tb 80 (Spruch, um sich in einen Gott zu verwandeln und zum Weg der Finsternis hin Licht zu spenden), Tb 85 (Spruch, um sich in einen Ba zu verwandeln und nicht in die Richtstätte zu geraten), Tb 86 (Spruch, um sich in eine Schwalbe zu verwandeln), Tb 89, Tb 72 und Tb 30B (Spruch, damit das Herz sich nicht gegen den Verstorbenen wendet). Die Besonderheit dieser Gruppe besteht darin, dass in diesen beiden Papyri der *jnj-bꜣ*-Spruch zweimal belegt ist, aber der Anbringungsort jeweils ein anderer ist.

---

1 Papyri publiziert in Backes, *Drei Totenpapyri.*

2 Für eine genauere Beschreibung der Papyri sei auf die Publikation von Backes, *Drei Totenpapyri* hingewiesen.

3 Wir verstehen unter dem Begriff einer „Papyrusbinde" ein schmales Band aus Papyrus, dessen Höhe nur einige wenige Zentimeter beträgt, während die Länge variieren kann. Das Layout derartiger Papyrusbinden erinnert stark an das einer Mumienbinde. Vgl. Kockelmann, *Totenbuch-Handschriften auf Mumienbinden* II, 91–115, insbesondere 93–94.

2.2 P. Berlin 3122 (Taf. I)[4]

2.2.1 Besitzer und Maße

Diese vollständig erhaltene Papyrusbinde gehört dem Gottesvater *Ns-pꜣw.tj-tꜣ.wj*[5], Sohn des *Wꜣḥ-jb-Rꜥ*[6] und der Hausherrin *Dj-s(j)-Jmn.t*[7]. Sie ist 10 cm hoch und 163 cm lang.

2.2.2 Layout

Die Texte sind mit schwarzer Tinte, kursiv, in Spalten und ohne Kolumnentrennlinien geschrieben. Nach jedem Spruch ist eine Vignette in Form einer Strichzeichnung eingeschoben, die aus der Hand des Textschreibers stammt.

2.2.3 Sequenz der Texte und Vignetten

Der Papyrus beginnt mit dem *jnj-bꜣ*-Spruch, auf den die Vignette von Tb 92 (Spruch, um das Grab für Ba und Schatten zu öffnen, am Tage herauszugehen und über die Füße zu verfügen) folgt. Als zweiter Text erscheint Tb 89, begleitet von seiner Vignette. Danach zeigt der Papyrus eine abgekürzte Version der Zusatzkapitel Tb 163 (Spruch, um zu verhindern, dass der Leichnam eines Mannes im Totenreich zugrunde geht, um ihn vor dem Ba-Fresser, der in der Unterwelt einsperrt, zu retten; gleichzeitig zu verhindern, dass man ihm seine Schuld auf Erden anlastet; im Totenreich sein Fleisch und seine Knochen von Würmern und jedem Gott, der angreifen sollte, unbeschädigt zu lassen; ihn nach seinem Belieben heraus- und herabkommen zu lassen und alles zu tun, was in seinem Herzen ist, ohne dass er zurückgehalten wird), Tb 164 (anderer Spruch) und Tb 165 (Spruch des Landepflockes, um zu verhindern, dass er beschädigt wird, um den Leichnam zu festigen, um Flutwasser zu trinken) mit den entsprechenden Vignetten als Abschluss.

2.3 P. Chicago OIM 9787 (P. Ryerson)[8]

2.3.1 Besitzer

Der Besitzer dieses langen Papyrus heißt *Ns-Šw-Tfnw.t*[9]. Er war Gottesdiener des Chons, des großen Gottes von Edfu, und Gottesdiener der Falken, die auf dem heiligen Baum leben, Priester des großen Fundamentes und vierter Prophet des Osiris. Seine Eltern sind *Jw n-Ḥr.w*[10] und *ꜣs.t-rš.tj*[11].

2.3.2 Layout

Der Papyrus ist vollständig hieratisch abgefasst, abgesehen von den letzten drei Texten (Tb 191, Tb 192 und eine Opferformel), die hieroglyphisch niedergeschrieben wurden. Diese drei Texte sind zudem in Spalten angeordnet. Der *jnj-bꜣ*-Spruch nimmt vier Kolumnen ein. Die Hieroglyphen sind sehr genau und fein ausgeführt. Über dem *jnj-bꜣ*-Spruch befindet sich eine Vignette, die einen Ba-Vogel in Frontalansicht zeigt, der in seinen Fängen ein Anch-

4 Unpubliziert; vgl. KAPLONY-HECKEL, *Ägyptische Handschriften* III, Nr. 56.
5 *PN* I, 176, 1.
6 *PN* I, 72, 28.
7 *PN* I, 397, 20.
8 Papyrus publiziert in ALLEN, *The Egyptian Book of the Dead*, 16ff., Tf. 13–50.
9 *PN* I, 179, 7.
10 *PN* I, 262, 3.
11 *PN* I, 4, 10.

Zeichen hält. Diese Darstellung entspricht derjenigen, die man auf den spätzeitlichen Sarkophagen beobachten kann, zu deren Repertoire auch der *jnj-bꜣ*-Spruch gehört.

2.3.3 Sequenz der Texte und Vignetten

P. Ryerson ist mit den Totenbüchern der so genannten „kanonischen Rezension" vergleichbar. Er ist heute unvollständig, der Anfang fehlt[12], die Sequenz der Totenbuchkapitel entspricht aber der der Mehrheit der spätzeitlichen Papyri. T. G. Allen datiert ihn an das Ende der Spätzeit bzw. den Anfang der ptolemäischen Zeit[13], M. Mosher hingegen an den Anfang des 2. Jahrhunderts v. Chr.[14]. Der *jnj-bꜣ*-Spruch besitzt in diesem Manuskript einen besonderen Status: Der Text erscheint erst nach der Saitischen Rezensionsfassung des Totenbuches, die mit Tb 162 (Spruch, um eine Flamme unter dem Kopf eines Befähigten entstehen zu lassen) endet[15].

2.4 P. London BM EA 9915 (Taf. II)[16]

2.4.1 Besitzer und Herkunft

Der Papyrus gehört einem Mann namens *Ḥr.w*[17], der keinen Titel trägt. Er ist der Sohn einer Frau, die *Tꜣ-rmṯ.t-n.t-Bꜣst.t*[18] heißt. Die Herkunft des Manuskriptes ist unbekannt; es stammt aber möglicherweise aus Theben, da Henry Salt in einem Bericht erwähnt, dass er den Papyrus 1823 dort gekauft habe.

2.4.2 Maße und Layout

Insgesamt ist das Manuskript 158 cm lang und bis auf einige wenige Fehlstellen in einem guten Erhaltungszustand. Die aktuelle Aufteilung des Papyrus in London auf drei Rahmen ist offensichtlich falsch rekonstruiert. Der jetzige zweite Rahmen enthält mit einem kleinen Schmutzstreifen und dem Anfang des *jnj-bꜣ*-Spruches den eigentlichen Beginn des Papyrus. Der Spruchtext setzt sich dann im dritten Rahmen fort, woran sich weitere Texte im zweiten Rahmen anschließen lassen; der Papyrusteil im ersten Rahmen besteht aus einer großformatigen Vignette des Totengerichtes und bildet den Abschluss des Manuskriptes.

Eine Besonderheit stellt das Text-Layout dar, bei dem sich Abschnitte in senkrechten Kolumnen und solche in waagerechten Zeilen bis zum Totengericht abwechseln[19]. Diese Anordnung der Texte lässt sich eventuell durch einen Vergleich mit dem Layout von spätzeitlichen Sarkophagen erklären, die ebenfalls Texte wie den *jnj-bꜣ*-Spruch aufweisen[20]. Die Texte sind kursiv in schwarzer Tinte verfasst. Trennlinien begrenzen alle Zeilen und Spalten. Der *jnj-bꜣ*-Spruch verteilt sich auf fünf horizontale Zeilen und daran anschließende sechs vertikale Spalten.

---

12 Ein Fragment vom Anfang des Textes mit Tb 13 und 14 wurde von H. Kockelmann im Bestand der Columbia University Library in New York identifiziert, vgl. KOCKELMANN, in: *ZÄS* 133 (2006), 94–95.

13 ALLEN, *The Egyptian Book of the Dead*, 16–17.

14 MOSHER, in: *JARCE* 29 (1992), 169–170.

15 WÜTHRICH, *Eléments de théologie thébaine*, 42–85.

16 Unpubliziert; vgl. QUIRKE, *Owners*, 38, Nr. 69.

17 *PN* I, 245, 18.

18 *PN* I, 364, 23.

19 Es gibt nur wenige Beispiele für dieses Layout: P. London BM EA 9916 (unpubliziert), P. London BM EA 9976 (unpubliziert), P. Vatikan 38560 (GASSE, *Les papyrus hiératiques et hiéroglyphiques*, 34ff., Tf. 27–28, Nr. 22).

20 Vgl. beispielsweise mit den Sarkophagen im Louvre D9 oder D10.

2.4.3 Sequenz der Texte und Vignetten

Neben dem *jnj-bꜣ*-Spruch gibt der Papyrus folgende Totenbuchkapitel wieder: Tb 18 (Spruch, damit der Verstorbene wie andere Götter über seine Feinde triumphiert), Tb 89, Tb 30B, Tb 26 (Spruch, damit das Herz dem Verstorbenen zurückgegeben wird), Tb 59 (Spruch, um zu atmen) sowie das Totengericht.

Die Vignetten sind grob ausgeführte Strichzeichnungen und gehören zu Tb 18 und Tb 89, Tb 30B sowie Tb 28, Tb 59, Tb 26. Der Zeichner hat sie über den horizontal geschriebenen Texten angebracht. Über dem *jnj-bꜣ*-Spruch befindet sich die Vignette von Tb 26, die den Verstorbenen zeigt, wie er vor einem Opfertisch kniet und den Ba-Vogel anbetet.

2.5 P. London BM EA 9923 (Taf. III)[21]

2.5.1 Besitzer und Herkunft

Die Besitzerin dieses Papyrus heißt *Ir.tj-r.w*[22], nicht jedoch in Tb 162, wo sie vermutlich einen Spitznamen trägt, der andernorts nicht belegt ist. Möglicherweise könnte dieser Name als *Tꜣj-tꜣj*[23] gelesen werden. Auf einc Titelangabe wurde generell verzichtet. Der Name des Vaters lautet *Pꜣ-dj-nfr-ḥtp*[24], von der Mutter ist nur der Titel *nb.t pr* bekannt[25].

Nach der Angabe Giovanni Anastasis von 1839 soll der Papyrus aus Memphis stammen, jedoch ist diese Information nach Meinung St. Quirkes nicht wirklich vertrauenswürdig[26]: Viele Papyri, die in diesem Bericht mit einer memphitischen Herkunft zitiert sind, können dem thebanischen Raum zugewiesen werden.

2.5.2 Maße und Layout

Im British Museum ist der Papyrus in drei Rahmen gut erhalten; nur die erste Szene ist zum Teil zerstört. Seine Maße betragen 185 cm in der Länge und 28,5 cm in der Höhe. Die Texte sind kursiv mit schwarzer Tinte geschrieben. Auch die Vignetten sind monochrom, als Strichzeichnungen ausgeführt und von durchschnittlicher Qualität.

2.5.3 Sequenz der Texte und Vignetten

Die Sequenz beginnt mit der Anbetung des Osiris. Die Verstorbene steht im Adorationsgestus vor dem thronenden Totengott. Zwischen beiden Figuren ist ein Opfertisch zu sehen. An diese großformatige Szene schließt sich der in Kolumnen geschriebene Text an: Tb 1 und 18 (kein Titel) – letzterer wird durch die Vignette von Tb 15 unterbrochen – und der *jnj-bꜣ*-Spruch. Es folgt das Totengericht, das vor Tb 162 liegt. Die übrigen Vignetten befinden sich in einem Bildstreifen über dem Text, von diesem durch eine Doppellinie abgetrennt. Sie gehören zu Tb 1 und Tb 15[27], Tb 100, Tb 88, Tb 81, Tb 75, Tb 74, Tb 71, Tb 163 und Tb 162.

---

21 Der Papyrus ist teilweise publiziert in MOSHER, *The Papyrus of Hor*, Tf. 26.

22 *PN* I, 42, 10.

23 THIRION, in: *RdE* 33 (1981), 81, Anm. 13.

24 *PN* I, 124, 12.

25 Statt der Namensnennung wurde *mn* verwendet.

26 QUIRKE, *Owners*, 75, Nr. 96.

27 So die übliche Zuweisung der „kleinen“ Anbetung des Re-Harachte. Hingegen vertritt Tarek Tawfik in seiner Bonner Dissertation die Meinung, dass die Adorationsszene noch zur Vignette von Tb 1 zu zählen ist (sog. Szene 16, Unterelement a), zu Klassifizierung und Diskussion vgl. TAWFIK, *Die Vignette zu Totenbuch-Kapitel 1*, 119–126.

Der Aufbau dieses Manuskriptes ähnelt einem „Abrégé“ der Dritten Zwischenzeit mit einer Auswahl abgekürzter Sprüche, die für die Verstorbene relevant waren, und deren Abfolge durch die Anbetung des Osiris eingeleitet und mit Tb 162 beendet wurde[28].

2.6 P. London BM EA 9925 (Taf. IV)[29]

2.6.1 Besitzer und Herkunft

Die Identität des Besitzers des Manuskriptes ist unklar. Im Text ist er als *ꜥnḫ-Ḥp*[30] dreimal genannt, in der Vignette steht jedoch der Name *Psmṯk*[31], der sonst im Papyrus der Vater des *ꜥnḫ-Ḥp* ist. Die Provenienz des Papyrus ist nicht bekannt.

2.6.2 Maße und Layout

Aufgrund seiner Form und Gestaltung gehört der Papyrus zur Kategorie einer Papyrusbinde. Er ist 15,5 cm hoch und 45 cm lang. Sein Erhaltungszustand ist nicht besonders gut, wobei gerade der Anfang besonders fragmentarisch ist. Insgesamt haben sich nur 17 Kolumnen erhalten; vermutlich war das Manuskript aber ursprünglich länger. Der Text ist mit schwarzer Tinte geschrieben und in Spalten ohne Trennlinien angeordnet. Text und Vignette sind grob ausgeführt und stammen aus einer Schreiberhand.

2.6.3 Sequenz der Texte und Vignetten

Das Manuskript trägt heute nur einen Text: Der *jnj-bꜣ*-Spruch steht vor der Vignette von Tb 89. Diese zeigt den Verstorbenen auf einer Bahre liegend; darüber fliegt ein frontal dargestellter Ba-Vogel, der in seinen Fängen je einen Schen-Ring hält. Eine Linie am oberen und unteren Rand begrenzt die Schreibfläche.

2.7 P. London BM EA 9963 (Taf. V)[32]

2.7.1 Besitzer und Herkunft

Der Papyrus gehört einem Mann namens *Pꜣ-dj-Ḥr.w-pꜣ-ẖrd*[33], der keinerlei Titel trägt. Seine Mutter heißt *Tꜣ-ḥy*[34] und ist als Hausherrin (*nb.t pr*) bezeichnet. Über die Herkunft des Papyrus können keine Angaben gemacht werden.

2.7.2 Maße und Layout

Der sehr gut erhaltene Papyrus ist aktuell in vier Abschnitte aufgeteilt. Bei einer Höhe von 40 cm ist er 284,30 cm lang. Die Besonderheit dieses Manuskriptes besteht in der Größe der Schriftzeichen, die ungefähr 2 cm hoch sind. Kursivhieroglyphen wie Vignetten sind in schwarzer Tinte und fein ausgeführt. Über dem in Spalten angeordneten Text befinden sich die zu den jeweiligen Totenbuchkapiteln gehörenden Vignetten.

---

28 WÜTHRICH, *Eléments de théologie thébaine*, 42–85.

29 Unpubliziert; vgl. QUIRKE, *Owners*, 31, Nr. 17.

30 *PN* I, 65, 25.

31 *PN* I, 136, 8.

32 Papyrus teilweise publiziert in QUIRKE, in: *Fs Smith*, 231 und Tf. 2. Vgl. QUIRKE, *Owners*, 53, Nr. 161.

33 *PN* I, 124, 24.

34 *PN* I, 361, 20 (?).

2.7.3 Sequenz der Texte und Vignetten

Die Sequenz startet mit dem Text und der Vignette von Tb 18 auf dem ersten „Blatt“. Es schließt sich die Totengerichtsszene auf dem zweiten „Blatt“ an. Der dritte Rahmen gibt die Spruchtexte von Tb 72 und Tb 30B, des *jnj-bꜣ*-Spruches und von Tb 27 (Spruch, zu verhindern, dass das Herz des N ihm fortgenommen wird im Totenreich) wieder. Darüber sind die Vignetten von Tb 72, Tb 30B, Tb 28 und Tb 27 zu sehen. Der letzte Rahmen umfasst die Vignette von Tb 148.

2.8 P. London BM EA 10218 (Taf. VI)[35]

2.8.1 Besitzer und Herkunft

Dieser nur fragmentarisch überlieferte Papyrus gehört einer Frau ohne Titel, die *Tꜣ-ḫm-brf* (?)[36] genannt wird. Ihr Vater heißt *ꜥnḫ-Ḥp*[37] und ihre Mutter *Tꜣ-Imn*[38]. Die Herkunft des Manuskriptes ist unbekannt.

2.8.2 Maße und Layout

Die Texte und Vignetten sind in schwarzer Tinte fein ausgeführt. Keines der Fragmente ist mehr als 2,3 cm lang und 5,3 cm hoch.

2.8.3 Sequenz der Texte und Vignetten

Folgende Totenbuchkapitel und Vignetten sind auf den Fragmenten eindeutig zu identifizieren: 1–V15, 6 (Spruch, um die Uschebtis im Totenreich Arbeit leisten zu lassen)–72, 18, 64 (Spruch vom Herausgehen am Tage in einem Spruch)–V110b + V110c, 89, 100 (Spruch, um zu veranlassen, dass sich der Ba eines „Verklärten“ zur Ruhe begibt, zu veranlassen, dass er in die Barke des Re einsteigt, gemeinsam mit seinem Gefolge), 127 (Buchrolle, um die Götter der Beiden Höhlen anzubeten), 130 (Buchrolle, um einen Ba für immer leben zu lassen, ihn in die Barke des Re einsteigen zu lassen, um den Hofstaat der Unterwelt zu passieren, die am Tag der Geburt des Osiris ausgeführt wird), 138 (Spruch, um nach Abydos einzutreten), V148, Totengericht und V161 vor Tb 162, das sicher an das Ende des Papyrus gehört. Die ursprüngliche Position des *jnj-bꜣ*-Spruches innerhalb der Sequenz kann nicht angegeben werden, jedoch lässt sich der Anfang des Spruchtextes an ein Fragment von Tb 138 anschließen. Drei Fragmente sind dem *jnj-bꜣ*-Spruch zuzuordnen, wovon zwei direkt miteinander verbunden werden können[39]. Wahrscheinlich wies der Papyrus ein ähnliches Layout auf wie P. London BM EA 9963[40]: Textspalten, über denen die zu den jeweiligen Sprüchen gehörenden Vignetten abgebildet waren.

---

35 Unpubliziert; vgl. QUIRKE, *Owners*, 643, Nr. 241.
36 Dieser Name ist unbekannt.
37 *PN* I, 65, 25.
38 *PN* I, 358, 4.
39 Eine digitale Rekonstruktion dieses Teiles des Papyrus schlägt A. Wüthrich auf Tafel VI vor.
40 Vgl. S. 10.

2.9 P. London BM EA 10751(Taf. VII)[41]

2.9.1 Besitzer

Als Besitzerin des Papyrus tritt die titellose *Ns-H̱ns.w*[42] auf, deren Name nicht mit derselben Tinte geschrieben wurde wie der Rest der Texte und somit erst nach Abfassung des Haupttextes eingetragen wurde. Dies gilt auch für die Namen der beiden Elternteile der Verstorbenen, die ebenfalls genannt sind: Ihr Vater heißt *Qf-rr*[43] und ihre Mutter, eine Hausherrin, *Nfr.w*[44].

2.9.2 Maße und Layout

Der Papyrus ist heute 10,5 cm hoch mit einer Länge von 74 cm und gehört zur Kategorie der Papyrusbinde. Das Layout des Papyrus ist einzigartig. Im Zentrum erkennt man die Vignette von Tb 129, die einen Benu-Vogel auf einer Sonnenbarke zeigt; dieser gegenüber steht auf einem Podest mit Opferaltar der mumienförmige Osiris vor einem Djed-Pfeiler. Beiderseits der Vignette befinden sich die Texte: links der Vignette retrograd geschrieben, rechts davon in der „normalen" Schreibrichtung. Die Vignette von Tb 59 ist am rechten Rand des Papyrus zu sehen. Die Farbgebung der beiden Vignetten ist sehr intensiv, es wurden Grün, Weiß, Gelb und Schwarz verwendet.

2.9.3 Sequenz der Texte und Vignetten

Ein Ausschnitt des *jnj-bꜣ*-Spruches steht über dem Bug der Barke von V129. Der Text ist teilweise in Zeilen, teilweise in Spalten geschrieben und gibt nur den Anfang des Spruches mit dem Anruf der Götter wieder. Bei den anderen Texten auf dem Papyrus handelt es sich um Tb 127, Tb 128 (rechts) (kein Titel) sowie Tb 59 und den Anfang von Tb 57 (links) (Spruch, um im Totenreich Luft zu atmen und über Wasser zu verfügen).

2.10 P. London BM EA 73670 (Taf. VIII)[45]

2.10.1 Besitzer, Maße und Layout

Diese Papyrusbinde, die 15 cm hoch und 155 cm lang ist, gehört einer Frau namens *Tꜣ-pr.t*[46]. Sie ist die Tochter der Hausherrin *Ns-Ḥr.w-pꜣ-Rꜥ*[47] und des *Nḫm-s(w)-H̱ns.w*[48].

Die Texte sind in Spalten ohne Trennlinien angeordnet. Die mit schwarzer Tinte geschriebenen Kursivhieroglyphen sind „luftig" gesetzt und von einer eher geringen Qualität. Nur die Spruchtitel sind rot wiedergegeben. Die einzelnen Sprüche wurden durch einen kleinen Zwischenraum voneinander getrennt.

---

41 Unpubliziert; vgl. QUIRKE, *Owners*, 49, Nr. 137.
42 *PN* I, 178, 20.
43 QUIRKE, *Owners*, 49, Nr. 137.
44 *PN* I, 203, 18.
45 Unpubliziert; vgl. QUIRKE, *Owners*, 67, Nr. 268.
46 *PN* I, 134, 20.
47 Dieser Name ist für Männer belegt, vgl. *PN* I, 178, 10.
48 Vgl. *PN* I, 208, 9.

2.10.2 Sequenz der Texte und Vignetten

Wie bei P. London BM EA 9925 befindet sich die Vignette am Ende des Papyrus; vermutlich stammt sie von derselben Schreiberhand wie die Texte. Die Abbildung stellt eine Mischung der Vignetten von Tb 125 und Tb 110 dar. Die Textsequenz der Papyrusbinde eröffnet Tb 89, gefolgt von dem *jnj-bꜣ*-Spruch. Daran schließen sich Tb 72 und ein unidentifizierter Text an. Dieser beginnt mit dem üblichen Titel des *jnj-bꜣ*-Spruches, während der *jnj-bꜣ*-Spruch mit einem Titel anfängt, der andernorts für ihn nicht belegt ist.

2.11 P. New York Amherst 23 (Taf. IX)[49]

2.11.1 Besitzer, Herkunft und Maße

Der Gottesvater, Gottesdiener des Amun-Re, König der Götter, *Ij-m-ḥtp*[50] ist der Besitzer dieses unvollständigen Papyrus, der in vier großen und einigen kleineren Fragmenten vorliegt. Sein Vater *Iꜥḥ-ms*[51] trägt denselben Titel wie *Ij-m-ḥtp*, seine Mutter ist die Hausherrin und Sängerin des Amun-Re *T3-šr.t-n-t3-jḥ.t*[52]. Die Herkunft ist unbekannt, aber alle angegebenen Titel deuten stark auf Theben hin. Das Manuskript ist 35,6 cm hoch und 66,5 cm lang. Einige Teile des Papyrus haben sich in der heutigen Rahmung aus ihrem ursprünglichen Zusammenhang gelöst und liegen somit nicht mehr an der richtigen Stelle.[53]

2.11.2 Layout

Die Texte sind mit schwarzer Tinte retrograd geschrieben. Die einzelnen Kolumnen werden durch eine Linie voneinander getrennt. Eine Doppellinie begrenzt das Textfeld am oberen und unteren Rand. Oberhalb der Texte verläuft ein Bildstreifen mit den als Strichzeichnungen ausgeführten Vignetten.

2.11.3 Sequenz der Texte und Vignetten

Belegt sind Tb 15a (kein Titel), der *jnj-bꜣ*-Spruch, das Ende von Tb 89 mit einer unidentifizierten Totenliturgie und dem Anfang des *jnj-bꜣ*-Spruches, ein Teil der Nutsprüche[54] und das Ende von Tb 15a, das Ende des *jnj-bꜣ*-Spruches, Tb 15b sowie erneut der vollständige *jnj-bꜣ*-Spruch und Tb 89. Hinzu kommen die Vignetten von Tb 127 (?), Tb 130, Tb 129 und Tb 89.

2.12 P. Paris Louvre N3093 (Taf. X)[55]

2.12.1 Besitzer und Maße

Der Papyrus ist nur unvollständig erhalten und weist zahlreiche Beschädigungen auf. Er gehört einem titellosen Mann, der *Psmṯk-sꜣ-N.t*[56] heißt. Wie die meisten Papyri, die den *jnj-bꜣ*-Spruch besitzen, sind seine Maße mit denen einer Mumienbinde vergleichbar: Die Fragmente mit komplett vorhandenem Rand sind nur 14 cm hoch.

---

49 Unpubliziert; vgl. NEWBERRY, *The Amherst Papyri*, 51.

50 *PN* I, 9, 2.

51 *PN* I, 12, 19.

52 *PN* I, 370, 3.

53 Eine digitale Rekonstruktion des Papyrus schlägt A. Wüthrich auf Tafel IX vor.

54 *sꜣḫ.w* III, Sp. 7, 15–17 (Variante von Pyr. 638), vgl. ASSMANN, *Totenliturgien* III, 432–434, und *sꜣḫ.w* III, Sp. 6, 10–13, vgl. ASSMANN, *Totenliturgien* III, 428–430, und BILLING, *Nut*, 88–93.

55 Unpubliziert; vgl. DEVÉRIA, *Catalogue des manuscrits égyptiens*, 103, III, 72.

56 *PN* I, 136, 22.

2.12.2 Layout

Die Spruchtitel heben sich als Rubra vom ansonsten in schwarzer Tinte geschriebenen Text ab. Die Texte sind in durch Trennlinien begrenzte Kolumnen angeordnet, über denen die Vignetten angebracht wurden. Die Vignetten sind monochrom in Schwarz ausgeführt, lediglich die Vignette des Totengerichtes wurde farbig gestaltet.

2.12.3 Sequenz der Texte und Vignetten

Das Manuskript trägt größtenteils Texte aus dem Totenbuchkorpus, weist aber auch Spruchgut auf, das zu anderen funerären Textkorpora wie den Pyramidentexten gehört beziehungsweise bisher nicht identifiziert ist. Der *jnj-bꜣ*-Spruch steht nach einem derartigen unbekannten Text.

Das erste Fragment des Papyrus setzt mit dem Ende von Tb 89 ein, gefolgt von einem unbekannten Spruch mit dem Titel „Spruch, um zu seinem Grab zu gehen". Der nächste Text besitzt einen unbekannten Titel, der mit dem Anfang von Tb 155 „für ein goldenes Djed-Amulett, das an den Hals dieses Verstorbenen gelegt wird" fortgesetzt wird. Die zwei folgenden Sprüche sind nicht bekannt, stehen aber wohl mit den Osiris-Liturgien in Zusammenhang (*ṯz.tw ḥr-gs=k*)[57]. Über den Texten sind die Vignetten der Sprüche Tb 30, Tb 93 und Tb 140 zu sehen.

Das zweite Fragment trägt einen unbekannten Text, an den sich der Anfang von Tb 15a anschließt. Es folgen eine weitere bisher nicht identifizierte Formel und der vollständige *jnj-bꜣ*-Spruch. Die Vignette über den Texten dieses Fragmentes gehört zu Tb 15.

Ein drittes „Blatt" zeigt das Totengericht. Die anderen Fragmente geben die Vignette von Tb 71 und zwei aufgrund des lückenhaften Zustandes nicht identifizierbare Darstellungen wieder.

2.13 P. Paris Louvre N3108 (Taf. XI)[58]

2.13.1 Besitzer, Herkunft, Layout und Maße

Der Wab-Priester der Isis, die in Dendera weilt, *Imn-ḥtp*[59] ist der Besitzer dieser Papyrusbinde. Sie ist 15,8 cm hoch und 129,5 cm lang. Ihre Herkunft ist unbekannt; aufgrund des Titels des *Imn-ḥtp* könnte sie aber möglicherweise aus Dendera kommen. Der Name des Vaters lautet *Mꜣꜥ.t-t3j=f-nḫ.t*[60], die Mutter des Besitzers, die den Titel einer Hausherrin trägt, heißt *Tꜣ-whr.t*[61]. Wie bei P. London BM EA 9925 sind alle Kolumnen ohne Trennlinien wiedergegeben. Schriftzeichen wie Vignetten sind nur mit schwarzer Tinte verfasst und stammen von derselben Schreiberhand.

2.13.2 Sequenz der Texte und Vignetten

Der Papyrus ist heute auf zwei Rahmen aufgeteilt. Auf beiden Seiten dieser Fragmente gibt es einen leeren Raum. Dies spricht möglicherweise dafür, dass sie nicht zusammen geklebt waren und vielleicht als zwei Zettel aufzufassen sind, die auf die Mumie gelegt wurden. Im

57 Parallele PT 1002b/1003c oder *sꜣḫw* I, Sp. 4, 3–4.

58 Unpubliziert; vgl. DEVÉRIA, *Catalogue des manuscrits égyptiens*, 58, III, 7.

59 *PN* I, 30, 12.

60 Dieser Name ist unbekannt. Die Konstruktion vom Typ „Gott N-*tꜣj=f-nḫ.t*" ist für Amun und Chons belegt (vgl. *DN*, 1232).

61 *PN* I, 355, 20.

ersten Rahmen lassen sich drei Sprüche mit einer Vignette identifizieren, die die Mitte des Manuskriptes markiert und zu Tb 89 gehört. Dieser Text befindet sich unmittelbar vor der Vignette und ist in seinem oberen Teil stark zerstört. An die Vignette schließen sich der *jnj-bꜣ*-Spruch und Tb 72 an.

Das zweite „Blatt" zeigt Tb 161 (Spruch, eine Öffnung in den Himmel zu brechen, von Thot für Wennefer gefertigt, als er die Sonnenscheibe aufgeschlossen hat) und Tb 163, gefolgt von den Vignetten von Tb 163, Tb 155, Tb 164 und Tb 165. Da diese Texte zu den Zusatzkapiteln des Totenbuches gehören und sich immer am Ende dieses Korpus befinden, könnte man die Sequenz des Papyrus folgendermaßen rekonstruieren: 89V–*jnj-bꜣ*-Spruch–72–161–163–V163–V155–V164–V165.

2.14 P. Pavia Eg. 3 (Taf. XII)[62]

2.14.1 Besitzer

Dieser Papyrus gehört einem titellosen Mann, der *Dj-ns-ns-Ḥr* (?) genannt ist. An einer Stelle wurde statt des Eigennamens der Namensersatz *mn* verwendet. Die Mutter des Besitzers ist die Hausherrin *Tꜣ-(n.t)-ḥw.t*[63].

2.14.2 Maße und Layout

Der obere Teil des Papyrus ist zerstört, sodass etwa vier bis fünf Schriftquadrate fehlen. Abgesehen von diesen Fehlstellen ist das Manuskript in einem guten Zustand und vollständig erhalten, wie an der Doppellinie rechts erkennbar ist. Seine heutigen Maße betragen 21,6 cm in der Höhe und 70,2 cm in der Länge. Die Schriftzeichen sind mit ca. 1,5 cm Höhe besonders groß geschrieben.

Das Layout des Papyrus gehört zu dem „Abrégé"-Typ: Links ist die Vignette der Anbetung des Osiris zu sehen, neben der sich der Text befindet. Sie zeigt den Verstorbenen mit einem Weihrauchgefäß in seiner Hand vor dem thronenden Gott Osiris, der die Atef-Krone trägt. Die vier auf einer Lotusblume stehenden Horussöhne vor Osiris ergänzen die Darstellung. Der retrograd geschriebene Text nimmt 16 Kolumnen ein, die schwarzen Schriftzeichen sind fein ausgeführt.

2.14.3 Sequenz der Texte und Vignetten

Außer dem *jnj-bꜣ*-Spruch gibt der Papyrus verschiedene weitere Texte wieder, die nicht zur Saitischen Rezension gehören. Sie sind größtenteils noch unbekannt, einige Passagen können aber den Pyramidentexten zugeordnet werden beziehungsweise sind auch in den Verklärungen zu finden[64].

2.15 P. Vatikan 38596 (Taf. XIII)[65]

2.15.1 Besitzer und Maße

Die Papyrusbinde von 97,5 cm Länge und 14,5 cm Höhe gehört einem Mann namens *Ir.tj-Ḥr.w-r=w*[66]. Sein Vater heißt *Pꜣ-dj-Imn-m-Ip.t*[67], während seine Mutter, mit dem Titel Hausherrin, *Tꜣ-dj(.t)-Ḥr.w-wr*[68] genannt wird.

---

62 Unpubliziert.
63 *PN* I, 361, 22.
64 Eine vollständige Publikation des Papyrus von A. Wüthrich ist geplant.
65 Papyrus publiziert in Gasse, *Les papyrus hiératiques et hiéroglyphiques*, 66–67, Tf. 45.

2.15.2 Layout

Das Layout des Papyrus verbindet ihn mit P. London BM EA 73670, P. Louvre N3108 und P. Berlin 3122. An seinem linken Ende sind eine Reihe von so genannten Amulett-Vignetten abgebildet, die sich auf zwei übereinander gestellte „Register“ aufteilen.

Die Texte nehmen 36 „luftige“ Kolumnen ein. Die Schriftzeichen und Vignetten sind in schwarzer Tinte eher grob ausgeführt.

2.15.3 Sequenz der Texte und Vignetten

Im oberen Abschnitt lassen sich die Vignetten von Tb 163, Tb 156, Tb 157, Tb 155 (mit einem menschlichen Kopf darunter) und eine Variante von Tb 165 erkennen. Der untere Bereich zeigt eine unidentifizierte Vignette, die eine Mischung von verschiedenen Vignetten des Totenbuches sein könnte, gefolgt von einer Variante der Vignette von Tb 164, ein *ḥbs*-Zeichen sowie die Vignetten von Tb 30, Tb 159, Tb 160 und ein Amulett-Anhänger mit dem Namen des Besitzers. Bei den beiden ersten Texten handelt es sich um Auszüge aus Tb 89 und um den *jnj-bꜣ*-Spruch, während die folgenden zwei Texte noch unidentifiziert sind. Hiervon trägt der erste den Titel „Spruch, um die beide Tore zu öffnen“. Der zweite scheint mit einem Opferspruch zusammenzuhängen, seinen Anfang bildet ein Anruf an den Fährmann.

2.16 Allgemeine Beobachtungen

Die Totenbuchpapyri, die den *jnj-bꜣ*-Spruch wiedergeben, lassen sich im Wesentlichen dadurch charakterisieren, dass sie nur eine relativ kleine Auswahl von Sprüchen aufweisen, die aus dem Textkorpus Totenbuch stammen. Eine Ausnahme stellt P. Chicago OIM 9787 dar, dessen besondere Stellung bereits in der Beschreibung angesprochen wurde[69]. Neben dem *jnj-bꜣ*-Spruch und anderen Texten, die zur Saitischen Rezension des Totenbuches gehören, enthalten sieben Papyri – P. Paris Louvre N3093, P. Berlin 3158 A-G, P. Berlin 3159 A-D, P. Aberdeen ABDUA 84023/1, P. New York Amherst 23, P. Vatikan 38596 und P. Pavia Eg. 3 – beispielsweise Auszüge aus dem Nut-Buch, üblicherweise trifft man aber auf Passagen aus den Pyramidentexten, die an anderer Stelle wiederum teilweise in den Verklärungen aufgenommen sind. Im Fall des letztgenannten Papyrus in Pavia ist nur der *jnj-bꜣ*-Spruch identifizierbar, die übrigen Texte setzen sich aus Extrakten aus den Pyramidentexten und anderen Textstücken zusammen, deren Identifikation bisher nicht gelungen ist.

Neben dieser inhaltlichen Besonderheit bemerkt man bei diesen Manuskripten eine weitere Auffälligkeit: Sie besitzen alle ein Format, das mehr den Mumienbinden als den üblichen Totenbuchpapyri ähnelt. Unglücklicherweise haben wir keinerlei Information über den Kontext ihrer Entdeckung. So fehlen jegliche Hinweise auf ihre Funktion und ihre Beziehung zu einem eventuell anderen Manuskript, das demselben Besitzer gehörte.

Innerhalb der Kategorie dieser Papyrusbinden unterscheidet man zwei Gruppen: Die erste besteht aus P. Berlin 3122, P. London BM EA 9925, P. London BM EA 73670, P. Paris Louvre N3108 und P. Vatikan 38596. Es handelt sich jedes Mal um ein langes Band

66 Variante von *PN* I, 42, 11.

67 *PN* I, 122, 4.

68 Nur die männliche Form dieses Namens ist belegt, siehe *PN* I, 124, 21.

69 Vgl. S. 8.

Papyrus. Diese fünf Bänder sind nach dem gleichen Seitenlayout gestaltet: relativ kurze Textkolumnen ohne Trennlinien – außer denen, die die obere und untere Textbegrenzung ausdrücken wie im Fall von P. London BM EA 9925 – mit einem gewissen Freiraum am oberen und unteren Rand sowie Vignetten, die in den Verlauf des Textes eingesetzt bzw. an seinem Ende zusammen aufgeführt sind und zudem in einer relativ einfachen Wiedergabeart erscheinen. Alle fünf Manuskripte zeigen Tb 89; zwei von ihnen enden mit dem Text und/oder der Vignette der Zusatzkapitel 163, 164 und 165[70]. Drei weitere Papyri, die allerdings den *jnj-bꜣ*-Spruch nicht in ihrem Textrepertoire haben, können ebenfalls dieser ersten Kategorie zugeordnet werden: Es handelt sich um P. London UC 32374[71], der außerdem einen unbekannten Text sowie Auszüge aus den Zusatzkapiteln 163, 164 und 165 enthält, die mit ihrer jeweiligen Vignette versehen sind. Er ist ein wenig größer als die anderen Vertreter dieser Kategorie (22 cm), aber abgesehen von diesem Punkt hinsichtlich seiner Konzeption sehr ähnlich. J. Tait schlug eine sehr späte Datierung an das Ende der ptolemäischen bzw. den Anfang der römischen Zeit vor, was mit Blick auf die Parallelen aus dieser Gruppe vielleicht korrigiert werden müsste. Die zwei anderen Papyri sind leider unvollständig: Der erste, P. London BM EA 9952[72], zeigt nur noch den Text von Tb 18 und die zugehörige Vignette und hat ein ähnliches Format wie das eben genannte Manuskript. Der zweite, P. London BM EA 9921, besteht lediglich aus Auszügen aus Tb 100 und einer Reihe von Vignetten, von denen einige nicht direkt mit dem Totenbuch in Verbindung stehen, auch wenn Ähnlichkeiten zu Tb 162 und Tb 125 angeführt werden könnten. Die beiden letzten Manuskripte unterscheiden sich trotz graphischer Nähe zum Rest der Gruppe durch die Wahl der wiedergegebenen Texte.

Die zweite Gruppe vom Typ „Papyrusbinde“ – P. Aberdeen ABDUA 84023/1, P. Berlin 3158 A-G, P. Berlin 3159 A-D, P. London BM EA 9915, P. London BM EA 10751 und P. Paris Louvre N3093 – ist heterogener, zeichnet sich aber dennoch durch ein ähnliches Layout aus, bei dem jede Kolumne durch eine Linie begrenzt wurde und die Vignetten deutlich von den Texten getrennt sind. Es gibt dabei sowohl farbige Vignetten als auch solche, die als relativ qualitätvolle Strichzeichnung ausgeführt sind. Sie stehen nicht immer in direktem Zusammenhang mit dem Text, über dem sie angebracht wurden beziehungsweise den sie begleiten. Die Texte variieren außerdem stärker, speziell wenn man die Manuskriptgruppe betrachtet, die B. Backes publiziert hat[73]. Diese weist mehrere Texte auf, die nicht zur Saitischen Rezension gehören, daneben aber ebenso Tb 89 und Tb 72. In dieser Gruppe bleibt zudem festzuhalten, dass der *jnj-bꜣ*-Spruch wiederholt – genauer gesagt zweimal – geschrieben wurde[74]. Einige andere Papyri[75] können ebenfalls dieser Kategorie zugeordnet

70 P. Vatikan 38596 und P. Berlin 3122.

71 Tait, in: *Fs Zauzich*, 573–582 mit Tf. 52–54.

72 Unpubliziert; vgl. Quirke, *Owners*, 45, Nr. 112.

73 Backes, *Drei Totenpapyri*.

74 P. Aberdeen ABDUA 84023/1 und P. Berlin 3158 A-G.

75 Nach Durchsicht des Foto-Archivs des Totenbuch-Projektes Bonn 15 Manuskripte: P. Paris Louvre N3100 (unpubliziert), P. Halle DMG 1+2 (unpubliziert), P. Florenz 4018 (unpubliziert), P. Oxford Ms. Egypt a 42 [P] (Coenen, in: *JEA* 86 (2000), 85–86, Tf. XII), P. Vatikan 38560 (Gasse, *Les papyrus hiératiques et hiéroglyphiques*, 34–35, Tf. 27–28), P. London BM EA 9906 (unpubliziert), P. London BM EA 9907 (Young, *Hieroglyphics*, Tf. 1–6), P. London BM EA 9920 (unpubliziert), P. London BM EA 9947 (unpubliziert), P. London BM EA 10465+10539pt (unpubliziert), P. Turin 1795 (unpubliziert), P. Frankfurt SUB 2 (unpubliziert), P. Dublin 1663 (unpubliziert), P. Privatsammlung München (unpubliziert). Sie sind alle maximal 20 cm hoch und weisen dieselben stilistischen Charakteristika wie diejenigen auf, die wir in diese

werden, jedoch lässt der heterogene Aspekt dieser Gruppe eine genaue Entscheidung, ob sie in einer gemeinsamen Werkstatt entstanden sind oder lediglich in derselben Zeit, nicht zu.

Die übrigen Manuskripte besitzen eine größere Höhe. Es handelt sich um P. London BM EA 9923, P. London BM 9963, P. London BM EA 10218, P. New York Amherst 23 und P. Pavia Eg. 3. Ihre Texte wurden in Kolumnen mit Begrenzungslinien geschrieben; darüber sind die Vignetten angebracht, abgesehen von denen, die üblicherweise eine ganze Seite für sich alleine einnehmen wie die Vignette zu Tb 125 (Totengericht) oder die von Tb 161. Durch ihr größeres Format besitzen sie zudem mehr Text als die anderen Manuskripte. Man kann nichtsdestoweniger konstatieren, dass in fast allen Exemplaren Tb 89 vorkommt und häufig auch Tb 72. P. New York Amherst 23 enthält ganz wie P. Aberdeen ABDUA 84023/1 und P. Berlin 3158 A-G mehrmals den *jnj-bꜣ*-Spruch. In diesem Fall ist er viermal wiederholt. Viele hieroglyphische Papyri können dieser Kategorie zugeordnet werden; dennoch erkennt man, dass die Texte dieser Manuskripte nicht aus dem üblichen Repertoire des Totenbuches entnommen sind, sondern sich von den übrigen Textzeugen dieses Typs abheben.

Kategorie eingeordnet haben. Allerdings wurde ihr Textrepertoire nur aus der Saitischen Rezension des Totenbuches entnommen.

3. Vergleichsmaterial

Der *jnj-bꜣ*-Spruch erscheint nicht nur in den Manuskripten des Totenbuches, sondern ist auch auf zahlreichen anderen funerären Quellen belegt: So kommt er auf anthropoiden Sarkophagen aus Stein und auf Sargdeckeln aus Holz ebenso vor wie auf Stelen, in einem Grab und auf liturgischen Papyri.

3.1 Das Grab von Atfih[1]

G. Daressy entdeckte den Text des *jnj-bꜣ*-Spruches bei der Untersuchung eines Grabes in Atfih im 22. oberägyptischen Gau[2]. Dieses Grab wurde in der Ptolemäerzeit für mehrere ranghohe Personen aus ein und derselben Familie angelegt.

3.1.1 Beschreibung des Grabes (nach Daressy)

Der Zugang zum Grab erfolgt durch einen Schacht, der zu einem langen Korridor führt. Das eigentliche Grab besteht aus zwei Kammern: Man gelangt zunächst zu einem kleinen Raum, in dem zwei Sargwannen stehen, und danach zu einem zweiten, der bei gleicher Breite etwa doppelt so lang ist wie der erste Raum und vier weitere Sargwannen enthält.

Bei der Untersuchung des Grabes stellte Daressy fest, dass der Bau in der Vergangenheit zwar geplündert worden sei, aber sich dennoch in einem generell guten Erhaltungszustand befände. Eine Nachfrage bei einem Mitglied der Ausgrabungsmannschaft der Universität Montpellier[3], die z.Zt. die Nekropole von Atfih untersucht, ergab, dass das Grab heute nicht mehr lokalisiert werden kann. Möglicherweise ist es mittlerweile völlig zerstört. Für eine Beschreibung des Befundes sind daher die Beobachtungen Daressys aus dem Jahr 1902 die einzige Quelle, auf die man zurückgreifen kann:

Alle an den Grabwänden angebrachten Texte sind laut seinem Bericht lediglich in roter Farbe ausgeführt, eine wohl geplante anschließende Reliefierung unterblieb. Einige dieser Texte stammen aus dem Korpus des Totenbuches. Die vier Längswände der beiden Räume sind identisch aufgebaut und mit denselben Texten und Vignetten dekoriert: Eine Wand besteht aus zwei Registern, die wiederum durch eine Darstellung in zwei Hälften geteilt werden. Das obere Register zeigt eine auf einem Bett liegende Mumie, auf die die Strahlen einer darüber stehenden roten Sonne fallen. Verschiedene Gottheiten wachen über die Mumie. Die Begleittexte gehören zum Totenbuch: Unter der Darstellung ist Tb 154 angebracht; das so genannte Tb 192[4] und ein unidentifizierter Text nehmen die Süd- bzw. Nordhälfte des Registers ein.

3.1.2 Anbringungsort des Textes

Der *jnj-bꜣ*-Spruch ist in der Südhälfte des unteren Registers zu finden und steht über der Abbildung einer Mumie, die auf einem Bett liegt. Ein frontal gezeigter Ba-Vogel, dessen Kopf nach Osten gerichtet ist, fliegt über der Mumie. In seinen Fängen hält er je einen Schen-Ring. Isis und Nephthys sowie weitere Gottheiten vervollständigen die Szene.

---

1 Daressy, in: *ASAE* 3 (1902), 160–180.

2 Zur Geschichte des Fundortes vgl. zuletzt Mission égypto-française d'Atfih (MEFA), in: *ENiM* 3 (2010), 137–165.

3 Schriftliche Mitteilung von Ch. Cassier der MEFA (2010).

4 Allen, in: *JNES* 11 (1952), 177–186; Goyon, in: *Fs Wessetzky*, 117–127. Bei Tb 192 handelt es sich um den Verklärungstext *sꜣḫw* I, Spruch 8, vgl. Assmann, *Totenliturgien* III, 140–154.

Der Text ist in Spalten linksläufig geschrieben; daneben steht auf der Nordhälfte Tb 89, das rechtsläufig ist. Über diesen beiden Texten sind zeilenweise zwei unidentifizierte kurze Texte angebracht.

3.1.2.1 Varianten (nach Daressys Bericht)[5]

5. *jn=ṯn bꜣ n Wsjr N n=f*	Möget ihr den Ba des Osiris N zu ihm bringen!
6. *ẖnm n=f ḏ.t=f m nḏm(.w) jb*	Möge sein Körper mit ihm vereinigt sein, indem er sich wohlfühlt!
9. *ḥdd bꜣ=f n ḏ.t=f n jb=f*	Möge sein Ba seinen Körper und sein Herz umspannen!

Aufgrund der Unauffindbarkeit (und des vermutlichen Verlustes) des Grabes ist es heute unmöglich, die Informationen Daressys vor Ort nachzuprüfen. Dennoch kann man folgende Beobachtung festhalten: Der *jnj-bꜣ*-Spruch ist im Grab mit denselben Sprüchen vergesellschaftet wie in den Totenbuchpapyri. Die durch Daressys Kopie bekannte Variante lässt die Vermutung zu, dass die Dekoration des Grabes nach einer Totenbuchvorlage gestaltet worden ist.

3.2 Die Stelen

Der *jnj-bꜣ*-Spruch ist auf mindestens vier Stelen bezeugt,[6] die aus unterschiedlichen Orten stammen und an das Ende der Ptolemäerzeit oder den Anfang der Römerzeit datiert werden.

3.2.1 Stele Assuan 1037[7]

Die erste Stele wurde in der Nekropole auf der Insel el-Hese in Unternubien gefunden, die als Begräbnisort für die Priester der Tempel von Philae und Bigge diente[8]. Der Friedhof 3 datiert in die Ptolemäerzeit und wurde in koptischer Zeit wieder benutzt. Bei den dortigen Gräbern handelt es sich um Felsgräber, deren Ausstattung größtenteils miteinander vermischt und durcheinander gebracht wurde. Eine Bestattung umfasste üblicherweise einen oder zwei Sarkophage aus Stein oder Ton sowie eine Stele oder Opfertafel, seltener Keramikgefäße.

Die Stele mit dem *jnj-bꜣ*-Spruch ist in zwei Teile zerbrochen; der erste Teil wurde in Grab 51 und der zweite in Grab 57 entdeckt. Der ursprüngliche Aufstellungsort der Stele dürfte das erstgenannte Grab 51 sein, da das dort gefundene Fragment gegenüber der Tür zum Vorschein kam. Besitzer der Stele ist der *wṯs-Rꜥ*[9] und *ꜥq*-Priester *Pꜣ-dj-Wsjr*; als seine Mutter wird die Hausherrin *ꜣs.t-wr.t* genannt. Die Stele ist 103 cm hoch und 45 cm breit.

In den Verlauf des Bogenfeldes der Stele sind eine Himmelshieroglyphe und eine geflügelte Sonnenscheibe eingepasst, von der mittig ein Uräenpaar herabhängt. Dieses umrahmt eine hieroglyphische Kolumne mit der Bezeichnung der Sonnenscheibe. Vor den Schlangen liegt jeweils ein Schakal. An das Bogenfeld schließen sich zwei Bildregister an: Das obere Register – überspannt von einer Himmelshieroglyphe – zeigt einen Ba, der eine Gruppe von

5 Wiedergegeben sind nur die vom üblichen „Grundtext“, vgl. Kapitel 4 Übersetzung, abweichenden Passagen.

6 Stele Assuan Inv. 1037; Stele Budapest 51.2152; Stele Moskau I.1.b.267; Stele Oriental Museum of Durham University N1974.

7 Bakry, in: *ASAE* 60 (1968), 27–35.

8 Reisner, *The Archeological Survey of Nubia*, 74–92, Tf. 15.

9 „Träger des Re“, wörtlich: „einer, der Re hochhebt“, vgl. die Bemerkungen von Bakry, in: *ASAE* 60 (1968), 30.

fünf Gottheiten in einer Barke anbetet. Hinter dem Ba ist das Schriftzeichen des Schattenwedels (S35) angebracht. Im zweiten Register kniet der Verstorbene vor sechs Gottheiten.

Der Text folgt in acht Kolumnen unter den Szenen: Er beginnt mit der Opferformel, die acht Gottheiten namentlich aufführt, die sich aber nur zum Teil in den Darstellungen wiederfinden. In der fünften Kolumne beginnt der *jnj-bꜣ*-Spruch, der nur aus dem Anruf der Götter und der Imperativ-Folge besteht.

3.2.1.1 Varianten

2.-3.	*I nꜣ bꜣ.w ḥsq(.w) šw.wt*	O die Bas, die die Schatten abschneiden!
6.	*ẖnm=ṯn n=f ḏ.t=f nḏm jb=f*	Möget ihr seinen Körper mit ihm vereinigen, damit er sich wohlfühlt!
7.	*jw n=f bꜣ=f n ḏ.t=f*	Möge sein Ba zu ihm und seinem Körper kommen!

3.2.2 Stele Moskau I.1.b.267[10]

Der zweite Textzeuge aus der Stelen-Beleggruppe ist heute Teil der Sammlung des Puschkin Museums in Moskau. Die 55,70 cm hohe und 42 cm breite Granit-Stele wurde in den Jahren 1885–1886 bei Ausgrabungen in Achmim entdeckt[11] und gehört einem Min-Priester namens *Ḥr.w-pꜣ-ꜥꜣ*, Sohn des *Pꜣ-Itm* und der *Tꜣ-Mn.w*. Die modernen Bearbeiter des Objektes schlagen eine Datierung in die Mitte der Ptolemäerzeit vor, was jedoch mit Blick auf die Parallelen und den Stil der Darstellung im Bogenfeld überdacht werden muss. Die Stele stammt vermutlich aus der ausgehenden ptolemäischen Epoche. Ihr Bogenfeld enthält das übliche Dekorationsschema: eine geflügelte Sonnenscheibe mit flankierenden Schakalen, die ein Sechem-Zepter zwischen ihren Vorderpfoten halten. Die Darstellung darunter zeigt den Verstorbenen anbetend vor Osiris, Harsiese, Anubis, Isis und Nephthys.

Nach einer einleitenden Opferformel, die den größten Teil des Schriftfeldes einnimmt, beginnt der Text nicht mit dem eigentlichen Anfang des *jnj-bꜣ*-Spruches, sondern setzt erst nach der Anrufung der Götter ein. Der Text wird dabei mit einer Passage eingeleitet, die man als eine Art Spruchtitel ansehen könnte: „[Spruch, um] seinen Ba auf seinem Leichnam zu hören (?)“. Der folgende Abschnitt ist unverständlich, auch wenn man dasselbe Verb *mꜣꜣ* in P. New York Amherst 23 findet (*mꜣꜣ se n=f nṯr.w m ḥw.t-bnbn* „Mögen die Götter sie für ihn im Benben-Haus sehen!“). Der Text endet mit der Reinheitsformel.

3.2.2.1 Varianten

1.	*[r n] sḏm bꜣ=f r ẖꜣ.t=f*	[Spruch, um] seinen Ba auf seinem Leichnam zu hören (?)[12].
10.-11.	*mꜣꜣ se n=f nṯr.w m ḥw.t-bnbn m Iwnw r-gs Šw sꜣ Itm*	Mögen die Götter sie für ihn im Benben-Haus in Heliopolis neben Schu, Atums Sohn, sehen!
14.	*wꜥb sp-snw kꜣ=k n ḏ.t ẖ.t=k n šw.t*	Reinheit, zweimal (für) deinen Ka, für den Leib[13], (für) deinen Leichnam, für den Schatten.

10 BOURIANT, in: *RT* 9 (1887), 90; HODJASH / BERLEV, *The Egyptian Reliefs and Stelae*, 198–199, Tf. 133.

11 BOURIANT, in: *RT* 9 (1887), 90.

12 Das Zeichen F20 ist nur schwer erkennbar. Hat der Schreiber die Hieroglyphe W25 nicht erkannt und fälschlich F20 geschrieben?

13 Mit N14 geschrieben.

3.2.3 Stele Budapest 51.2152[14]

Eine dritte Stele mit dem *jnj-bꜣ*-Spruch, deren Herkunft unbekannt ist[15], befindet sich heute im Ungarischen Museum der Schönen Künste in Budapest. Ihre Besitzerin *Nb.t-wḏꜣ.t*[16] war in den Kult der Hathor, Herrin des Umkreises der Sonnenscheibe[17], eingebunden. Die Untersuchung der Titel und Namen auf der Stele lassen vermuten, dass die Verstorbene Hathor-Priesterin in Dendera war; entsprechend könnte die Stele aus diesem Gebiet kommen. Ihrer Machart nach zu urteilen, wäre eine Entstehung am Ende der Ptolemäerzeit oder Anfang der Römerzeit möglich. Allerdings ist die Verstorbene mit Proportionen wiedergegeben, die an sehr späte Darstellungen erinnern. Der Text selbst lässt eine späte Datierung zu: Verschiedene Wörter besitzen eine typisch ptolemäische Orthographie.

Die Dekoration des Bogenfeldes der Stele, die 38,5 cm hoch und 31 cm breit ist, beschränkt sich auf die Wiedergabe der geflügelten Sonnenscheibe und der beiden herabhängenden Uräen. Eine Himmelshieroglyphe spannt sich über die darunter liegende Szene, in der die Verstorbene vier hockende Gottheiten anbetet. Sie sind durch ihre Ikonographie als Re-Harachte, Osiris, Isis und Anubis erkennbar. Es folgen vier Zeilen eines Textes, der nicht besonders sorgfältig eingraviert ist und bei dem es sich um eine Variante des *jnj-bꜣ*-Spruches handelt.

3.2.3.1 Varianten

1.	*r n jn(j) bꜣ r ḫ.t ḏd mdw*	Spruch, um den Ba zum Leichnam zu bringen. Worte zu sprechen:
2.	*j jn(j) bꜣ.w ꜥnḫ.w*	O du Bringer der lebenden Bas/Bas der Lebenden!
6.	*ẖnm=f ḏ.t=f nḏm jb=f n jb=f*	Möge er (sich) mit seinem Körper vereinigen, damit er sich dank seines Herzens wohlfühlt (?)!

3.2.4 Stele Oriental Museum University Durham N1974 (Accession Number EG612)[18]

Die vierte Stele wird im Oriental Museum der Universität Durham aufbewahrt. Zwar ist ihre Herkunft unbekannt, doch weisen Stil und Layout Ähnlichkeiten zur Stele Moskau I.1.b.267 auf. Im Bogenfeld sieht man eine geflügelte Sonnenscheibe über zwei Schakalen, die einen Schen-Ring flankieren. Darunter steht die Verstorbene, die Musikantin des Chontamenti *Ḥrdw-ꜥnḫ*, Tochter des Stolisten von Achmim[19] *Imn-m-Iwnw* und der Hausherrin *Mr-Tfn.t*, anbetend vor einem Opfertisch und einer Göttergruppe, bei der es sich um Osiris, Harsiese und Isis handelt. Die Maße der Stele betragen 69 cm in der Höhe und 41 cm in der Breite.

Der *jnj-bꜣ*-Spruch folgt Tb 89[20], dem wiederum eine Opferformel an verschiedene Gottheiten vorangestellt ist, die größtenteils in Achmim beheimatet sind.

Der Text des *jnj-bꜣ*-Spruches nahm ursprünglich die letzten beiden Zeilen der Stele ein, ist heute allerdings völlig verschwunden. Dennoch lässt er sich – und damit auch die Stele vollständig – anhand eines Abklatsches, den S. Birch 1880 angefertigt hat[21], rekonstruieren.

14 TAKÁCS, in: *BMH* 80–81 (1994), 9–24.

15 Laut G. Takács steht die Bemerkung „Transfer“ in ihrem Ankunftsbericht im Museum.

16 TAKÁCS, in: *BMH* 80–81 (1994), 16–17.

17 *LGG* IV, 143b, vgl. auch die Bemerkungen von TAKÁCS, in: *BMH* 80–81 (1994), 14–16.

18 BIRCH, *Catalogue*, 315–316.

19 GAUTHIER, *Le personnel du dieu Min*, 43.

20 Nach QUIRKE, *Owners*, 96.

21 Wir sind St. Quirke und J. Taylor, die uns ein Foto dieses Abklatsches zur Verfügung stellten, zu großem Dank verpflichtet.

Auf den Spruchtitel wurde verzichtet, sodass der Text direkt mit den drei Anrufungen einsetzt. Es handelt sich um eine abgekürzte Version, die nach den Wunschsequenzen für die Verstorbene beendet zu sein scheint. Das Ende der letzten Zeile ist nur schwer lesbar. Jedoch ist es denkbar, dass sich der Text zumindest bis zur Reinheitsformel fortsetzte, da die letzten Zeichen der Zeile den Anfang der Phrase 12 des *jnj-bꜣ*-Spruches bilden könnten.

3.2.4.1 Varianten:

7. *jw n=s bꜣ=s n ḏ.t=s n jb=s*	Möge ihr Ba zu ihr, zu ihrem Körper und ihrem Herz kommen!

Nach den bisherigen Informationen bleibt festzuhalten, dass der Text des *jnj-bꜣ*-Spruches auf Stelen nicht sehr gut überliefert ist. Es lässt sich heute nicht mehr nachvollziehen, aus welcher Quelle diese Texte kopiert und für die Stelen verwendet worden sind. Auffällig ist auch, dass nur die Stele Moskau I.1.b.267 eine kurze Variante der Reinheitsformel enthält.

Die Verbreitung des Textes in allen Gebieten Ägyptens ist besonders interessant, da ansonsten die Mehrheit der Nachweise, deren Herkunft bekannt ist, aus Unterägypten (Sarkophage) und aus dem thebanischen Gebiet (Papyri) kommt.

Zudem scheint der Text nach seinem Verschwinden aus den Papyri und von den Sarkophagen weiter benutzt worden zu sein, und das insbesondere in Achmim.

3.3 Die Sarkophage

Die weiteste Verbreitung hat der *jnj-bꜣ*-Spruch auf Sarkophagen der Spät- sowie Ptolemäer- und Römerzeit gefunden. Für die folgenden Betrachtungen sind Belege auf mindestens 28 Sarkophagen[22] herangezogen worden – 17 davon sind anthropoider Gestaltung – eine Anzahl, die keinen Anspruch auf Vollzähligkeit erhebt. Bis auf eine Ausnahme wurde der

22 S. Kairo CGC 29301 (J.E. 17429) (MASPERO, *Sarcophages*, 1–73, Tf. 1–4); S. Kairo CGC 29302 (J.E. 17430) (MASPERO, *Sarcophages*, 73–86, Tf. 6–8); S. Kairo CGC 29304 (J.E. 15039) (MASPERO, *Sarcophages*, 114–161); S. Kairo CGC 29307 (J.E. 47398) (MASPERO / GAUTHIER, *Sarcophages*, 1–17, Tf. 1–6); S. Kairo CGC 29309 (J.E. 27493) (MASPERO / GAUTHIER, *Sarcophages*, 20–42, Tf. 9–12); S. Kairo J.E. 1303 (BUHL, *The Late Egyptian Anthropoid Stone Sarcophagi*, 90–92, Abb. 52); S. Kairo J.E. 1307 (PIEHL, *Inscriptions* I, 47–48, Tf. XIL B–XLI); S. Kairo J.E. 1308 (BUHL, *The Late Egyptian Anthropoid Stone Sarcophagi*, 39–40, Abb. 9); S. Kairo J.E. 4739 (KÁKOSY, in: *Fs te Velde*, 219–229, Tf. 1, 3–5); S. Kairo J.E. 8390 (PIEHL, *Inscriptions* III, 36–41, Tf. IL–LXIX); S. Kairo J.E. 17431 (BUHL, *The Late Egyptian Anthropoid Stone Sarcophagi*, 111–114); S. Kairo von *Ij-m-ḥtp* (BUHL, *The Late Egyptian Anthropoid Stone Sarcophagi*, 36–39, Abb. 10); S. Kairo von *Pꜣ-snḏm-jb-nḥ.t* (BUHL, *The Late Egyptian Anthropoid Stone Sarcophagi*, 45–47, Abb. 11; GAÁL, in: *Fs Kákosy*, 187–195, Tf. 14–17); S. Kairo von *Ḏd-Ḥr* (BUHL, *The Late Egyptian Anthropoid Stone Sarcophagi*, 96–98); S. Leiden F. 1982/8.2 (SCHNEIDER, in: *Fs Leclant* / 4, 355–362); S. Leiden L.3 (Inv. L. XI. 16) (BOESER, *Beschreibung der ägyptischen Sammlung in Leiden*, 6–8, Tf. 11–12); S. Paris Louvre D9 (in den Ausstellungsräumen des Louvre zu sehen); S. Paris Louvre D11 (BUHL, *The Late Egyptian Anthropoid Stone Sarcophagi*, 100–104, Abb. 59); S. Paris Louvre D39 (BUHL, *The Late Egyptian Anthropoid Stone Sarcophagi*, 65–68, Abb. 31); S. Paris Louvre D40 (BUHL, *The Late Egyptian Anthropoid Stone Sarcophagi*, 105–109, Abb. 61–62); S. Wien ÄS 1 (VON BERGMANN, in: *RT* 6 [1885], 131–165); S. Wien ÄS 4 (VON BERGMANN, *Der Sarkophag des Panehemisis*; BUHL, *The Late Egyptian Anthropoid Stone Sarcophagi*, 127–134, Abb. 76; LEITZ, *Der Sarg des Panehemisis*); S. Qaw el-Kebir (GRAPOW, „Anhang“, 59–62, Tf. 27); S. Brüssel E5282 (DE MEULENAERE, *Ecritures*, 46–47); S. Brüssel E7042 (VANLATHEM, *Cercueils et momies*, 22–23); S. Museums of Arts RISD von *Ns-Mn.w* (BUDGE, *Some Account of the Collection Lady Meux of Theobald's Park*, 42–72); S. Kairo J.E. 49531 (DARESSY, in: *ASAE* 17 [1917], 1–20); S. *Pꜣ-ḫꜣr-Ḫns.w* II (unpubliziertes Material aus TT 414, derzeit in Bearbeitung durch J. Budka; Publikation in Vorbereitung von J. BUDKA / E. HASLAUER, *Das Grab des Anch-Hor III. Die Särge*).

Spruch immer auf der Außenseite des Deckels in Brusthöhe angebracht – also an der Stelle, an dem sich der Ba mit dem Leichnam vereinigen sollte[23].

Auf den Sarkophagen stammt die älteste Version des Textes aus der 30. Dynastie. Möglicherweise gibt diese Objektgruppe daher die Urversion des Textes wieder, die dann auf die Papyrusquellen übertragen wurde. Der Spruch ist in Totenbuchpapyri grundsätzlich in Spalten und in (Kursiv)Hieroglyphen geschrieben, was ursprünglich mit dem Layout der Sarkophage in Zusammenhang stehen könnte.

Überwiegend kommen die Sarkophage aus Memphis oder generell aus Unterägypten, was allerdings möglicherweise nur auf einen archäologischen Zufall zurückzuführen ist[24]. Jedoch haben die Untersuchungen von M.-L. Buhl eine Herkunft der anthropoiden Sarkophage mehrheitlich aus Memphis ergeben[25].

Der *jnj-bꜣ*-Spruch wird auf diesen Objekten gerne mit Tb 89 kombiniert, entweder in Form der Vignette dieses Spruches oder – häufiger – mit dem Text. In einigen Fällen steht Tb 89 dem *jnj-bꜣ*-Spruch gegenüber[26].

Weniger oft findet man auf den Sarkophagen den *jnj-bꜣ*-Spruch zusammen mit Tb 72[27] – im Unterschied zu den vielen Totenbuchpapyri, in denen er mit Tb 72 verbunden ist.

Zudem existiert ein Sarkophag[28], auf dem der Text zweimal geschrieben wurde: In diesem Fall handelt es sich um den ersten Abschnitt, der die Anrufung der Götter wiederholt, und weiter um den kompletten Text. Größtenteils geben die Sarkophage die vollständige Version des *jnj-bꜣ*-Spruches wieder; nur drei Sarkophage verzichten auf die Reinheitsformel am Spruchende.

Der Text zeigt bei dieser Objektgruppe kaum konzeptionelle Varianten, sondern viele interessante Schriftvarianten. Die Mehrheit lässt sich durch Vergleiche mit der ptolemäischen Lexik erklären. Dennoch können einige Varianten im Vergleich zum „Totenbuchtext“ herausgearbeitet werden.

3.3.1 Allgemeine Varianten

2.-3.	*I jnj bꜣ.w ḥsq šw.wt*	O du Bringer der Bas und Abschneider der Schatten![29]
6.	*(...) m*[30] *nḏm jb=f*	(...) damit er sich wohlfühlt!
10.	*jn s(e) (n)=f nṯr.w m ḥw.t bnw m Iwnw*	Mögen die Götter sie zu ihm in das Phönixhaus in Heliopolis bringen![31]

2.-3. In den meisten Textbelegen sind diese beiden Teile getrennt, als handele es sich um zwei verschiedene Wesen. Es stellt sich die Frage, ob man die Interjektion *I* distributiv

23 S. Leiden L.3. Der Text ist auf der Außenseite der Sarkophagwanne in Höhe des Kopfes zu sehen.

24 S. *Pꜣ-ẖꜣr-H̱ns.w* II hebt sich von der Uniformität, die innerhalb der Quellen herrscht, deutlich ab: Er stammt aus Theben, der Text ist nicht auf der Brustpartie des Sarkophages angebracht, sondern auf seinen Beinen und wurde in horizontalen Zeilen geschrieben. Außerdem enthält der Text zahlreiche Varianten und steht in keinerlei Verbindung zu einem anderen Kapitel des Totenbuches.

25 BUHL, *The Late Egyptian Anthropoid Stone Sarcophagi*, 145.

26 S. Kairo *Pꜣ-snḏm-jb-nẖ.t*, S. Paris Louvre D39, S. Paris Louvre D40.

27 S. Kairo CGC 29301, S. Kairo J.E. 1307, S. Paris Louvre D39, S. Paris Louvre D40, S. Kairo *Ij-m-ḥtp*.

28 S. Museums of Arts RISD von *Ns-Mn.w*.

29 Man findet diese Texte auf S. Brüssel E5282, S. Kairo CGC 29307, S. Kairo J.E. 1307, S. Kairo J.E. 8390, S. Leiden F 1982/8.2, S. Leiden L.3, S. Paris Louvre D9, S. Qaw el Kebir, S. Wien ÄS 4.

30 Ein Teil der Quellen verzichtet auf die Schreibung der Konjunktion *m*.

31 Diese Version ist auf S. Brüssel E7042, S. Kairo CGC 29304, S. Kairo J.E. 4739, S. Kairo J.E. 8390, S. Kairo *Pꜣ-snḏm-jb-nẖ.t*, S. Leiden L.3, S. Paris Louvre D9, S. Paris Louvre D11 und S. Wien ÄS 4 zu lesen.

verstehen sollte. Darüber hinaus tauchen einige andere Varianten auf: S. Kairo CGC 29301 enthält die Variante *I ḥsq tw.wt* „O du Abschneider der Bilder!". S. Kairo J.E. 4739 zeigt *I nꜣ bꜣ.w jpw {h} nṯr.w ḥsq šw.wt nb tp.jw ꜥnḫ.w* „O die Bas, Götter, Abschneider aller Schatten, die an der Spitze der Lebenden sind!", während S. Brüssel E7042 die Interjektion *I bꜣ.w ḥsq šw.wt* „O Bas, Abschneider der Schatten" nennt.

6. Im Vergleich zur „Totenbuchversion" ist die Reihenfolge der einzelnen Satzbestandteile umgestellt: Der Ausdruck *m nḏm jb=f* steht daher grundsätzlich immer nach der Passage, die in der „Totenbuchversion" das zweite Element bildet. Der Sinn des Satzes ist folglich kausativ, was auch immer die Übersetzung des ersten Teils des Satzes ist.
Der erste Teil des Satzes umfasst verschiedene Varianten:

6a. *ẖnm n=f ḏ.t=f* Möge sein Körper sich mit ihm vereinigen![32]
6b. *ẖnm=f ḏ.t=f* Möge er sich mit seinem Körper vereinigen![33]
6c. *ẖnm=ṯn n=f ḏ.t=f* Möget ihr ihn mit seinem Körper vereinigen![34]

Alle drei Varianten sind gleichermaßen auf den Sarkophagen vertreten. Einige andere Varianten erscheinen auf S. Kairo CGC 29301 *ẖnm=f ḏ.t=f n jb=f* „Möge er seinen Körper mit seinem Herz vereinigen!", S. Kairo J.E. 1307 *ẖnm=ṯn n=f ḏ(.t)=f jn=ṯn bꜣ n Wsjr N n=f ẖnm=ṯn n=f ḏ(.t)=f nḏm ꜥnḫ (?)* „Möget ihr ihn mit seinem Körper vereinigen, möget ihr den Ba des Osiris N zu ihm bringen, möget ihr ihn mit seinem Körper vereinigen, damit (sein) Leben süß ist (?)", S. Brüssel E7042 *sḫn bꜣ n ḏ.t=f n ḫꜣ.t=f n nḏm-jb=f* „Möge der Ba seinen Körper und seinen Leichnam umarmen, damit er sich wohlfühlt!"

7.-9. Es gibt nur sehr wenige Varianten dieser Passage außerhalb von S. Kairo J.E. 49531 *ꜥnḫ bꜣ=f n ḏ.t=f n jb=f {n} ḏd bꜣ=f n ḏ.t=f n jb=f* „Möge sein Ba für seinen Körper und sein Herz leben (?)! Möge sein Ba für seinen Körper und sein Herz fest sein!"

10. Diese Variante ist kein regelmäßig verwendeter Bestandteil des Textes, sondern erscheint lediglich auf einigen wenigen Sarkophagen. Es handelt sich um eine neue Interpretation des Ortes, wohin die Gottheiten den Ba des Verstorbenen bringen sollen.

Der größte Teil der Varianten auf den Sarkophagen ist als unbedeutend anzusehen und resultiert wohl eher aus falschen Lesungen als aus neuen Interpretationen des Textes[35].

Fast alle Sarkophage geben den vollständigen Text des *jnj-bꜣ*-Spruches einschließlich der Reinheitsformel am Ende wieder. Diese variiert je nach verwendeter Version in ihrer Länge.

Hinsichtlich der Vignetten, die mit diesem Text auf den Sarkophagen verbunden werden, bleibt festzuhalten, dass nur drei unterschiedliche Darstellungen in der Nähe des *jnj-bꜣ*-Spruches erscheinen. Die am häufigsten vorkommende ist die Vignette von Tb 89. In diesem Fall zeigt die Abbildung einen Ba-Vogel mit ausgebreiteten Flügeln, dessen menschliches Gesicht nach Osten hin orientiert ist. In seinen Fängen hält er verschiedene Gegenstände, am häufigsten das Anch-Zeichen oder den Schen-Ring, seltener die Segel-Hieroglyphe – auch Kombinationen aus diesen Elementen sind belegt. Meist schwebt der Ba-Vogel über der

---

32 Diese Version befindet sich auf S. Brüssel E5282, S. Kairo CGC 29304, S. Kairo 29307, S. Kairo CGC 29309, S. Kairo J.E. 1308, S. Kairo J.E. 49531, S. Paris Louvre D9, S. Paris Louvre D11, S. Qaw el-Kebir.

33 Diese Version zeigen S. Museums of Arts RISD von *Ns-Mn.w*, S. Kairo CGC 29302, S. Wien ÄS 1.

34 Zu lesen auf S. Kairo *Pꜣ-sndm-jb-nḫ.t*, S. Kairo J.E. 1307 (mit einer Variante, vgl. infra), S. Kairo J.E. 8390, S. Leiden L.3, und S. Leiden F. 1982/8.2, S. Wien ÄS 4.

35 So steht z.B. auf S. Kairo J.E. 49531: 4. *I nṯr.w jp.w nb(.w) ḥrj(.w) ꜥnḫ.w* „O alle diese Götter, die höher als die Lebenden sind" oder weiter *tp=f n=f mj Rꜥ* „dein Kopf gehört ihm wie Re". Diese Variante ließe sich möglicherweise auf eine schlechte Kopie G. Daressys zurückführen, allerdings könnte man diese „Fehler" auch durch eine graphische Nähe zwischen diesem Beleg und den anderen Versionen erklären.

Mumie des Verstorbenen, die auf einem Bett liegt, unter dem sich vier Kanopen befinden können. Manchmal knien die Göttinnen Isis und Nephthys zu Seiten des Verstorbenen. Auf S. Wien ÄS 4 sind die beiden göttlichen Schwestern durch Schu und Thot ersetzt.

Sehr oft wird die Darstellung durch eine geflügelte Sonnenscheibe ergänzt, deren Strahlen auf den Ba fallen. In der Sonnenscheibe ist in manchen Quellen ein Skarabäus zu sehen[36]. Dieser Skarabäus steht auch auf zwei Sarkophagen im Louvre[37] und in Kairo[38] in Verbindung mit dem *jnj-bꜣ*-Spruch. Auf dem Kairener Sarkophag bestrahlt eine Sonnenscheibe einen fliegenden Ba-Vogel mit ausgebreiteten Flügeln, der über einem Skarabäus schwebt. Der Käfer wird von Isis und Nephthys flankiert: Erstere trägt in ihren Händen ein Segel, während ihre Schwester ein Djed- und Anch-Zeichen hält. Statt der mit Strahlen versehenen Sonnenscheibe oder als Ergänzung zu ihr findet sich die Himmelshieroglyphe über dem Ba-Vogel[39].

S. Kairo J.E. 1308 weist eine ungewöhnliche Kombination aus Text und Bild auf: einen im Profil gezeigten Ba-Vogel mit einem Djed-Zeichen um seinen Hals und die Beischrift *ḥtp ḥr ẖꜣ.t=f* „auf seinem Leichnam liegen". Dieses Bildfeld wird vom *jnj-bꜣ*-Spruch umrahmt.

Der unvollständig erhaltene Sargdeckel aus Holz in den Musées royaux d'Art et d'Histoire in Brüssel[40] zeigt heute noch zwei vollständige, über die gesamte Breite reichende Bild- bzw. Textfelder. Die üblicherweise zu Tb 89 gehörende Vignette nimmt dabei das oberste Feld ein. Die Dekoration des anschließenden Deckelabschnittes betont die Vertikale: In der Mitte läuft in fünf langen Kolumnen ein Textband, das beidseits durch eine registerartige Abfolge von Vignetten „gefasst" ist. Das erste Register dieser Vignettenreihung stellt zwei Ba-Vögel in Profilansicht symmetrisch einander gegenüber und fügt die Beischrift *bꜣ* in ptolemäischer Wiedergabe hinzu[41].

Zwei Sarkophage unterscheiden sich grundsätzlich von den anderen Vertretern dieser Beleggruppe: Es handelt sich um S. Leiden F. 1982/8.2 und S. Qaw el-Kebir. Die Deckel der beiden Textzeugen sind nur mit dem *jnj-bꜣ*-Spruch beschriftet, der in drei Kolumnen wiedergegeben ist. Er befindet sich auf der Brust unter dem kapellenartigen Pektoral, in dem die drei Gottheiten Osiris, Isis und Re-Harachte hocken.

3.4 Die Verklärungstexte[42]

Das so genannte erste Verklärungsbuch (*sꜣḫw* I), zu dessen Textrepertoire auch der *jnj-bꜣ*-Spruch gehört, ist auf acht Papyri belegt[43]. Diese Spruchsammlung, die wohl zu Beginn der Ptolemäerzeit zusammengestellt wurde, besteht aus verschiedenen Textteilen, die höchstwahrscheinlich dazu bestimmt waren, von einem Vorlesepriester gesprochen zu werden. Die ursprüngliche Nutzung der Liturgie ist im Kontext von Feierlichkeiten des Osiriskultes in der Balsamierungsstätte zu suchen, wie es im Titel des Verklärungsbuches eindeutig formuliert ist. Später wurden die Texte für den privaten Gebrauch einer Priesterelite adaptiert.

36 S. Kairo J.E. 1307, S. Kairo J.E. 1303.
37 S. Paris Louvre D39 und S. Paris Louvre D40.
38 S. Kairo von *Ij-m-ḥtp*.
39 S. Paris Louvre D11.
40 S. Brüssel E7042.
41 Bastet-Zeichen mit Fleisch-Zeichen (F51).
42 Vgl. ASSMANN, in: *Fs Lichtheim*, 1–45; ASSMANN, *Totenliturgien* III; BURKARD, „Spätzeitliche Osirisliturgien", 1–21.
43 ASSMANN, *Totenliturgien* III, 37.

Die bekannten Textzeugen kommen größtenteils aus dem thebanischen Gebiet, was allerdings nur ein archäologischer Zufall sein könnte.

Der Texttyp der Verklärungen entwickelte sich mehrheitlich aus einer Überarbeitung von Spruchgut aus den Pyramidentexten und lässt sich häufig auf Särgen des Mittleren Reiches nachweisen. Die Anfangspassagen des ersten Verklärungsbuches[44] (Sprüche 1–3) stehen zudem in Verbindung mit den Stundenwachen[45], d.h. mit den Ritualen für Osiris, deren Hauptquellen sich in den ptolemäischen Tempeln erhalten haben.

Nach Auffassung J. Assmanns sollen die Verklärungstexte nicht als eine Wiederentdeckung von altem Textgut verstanden werden, das aus einem Verfahren in Verbindung mit einem archaisierenden Wunsch hervorgegangen ist – wie viele Ägyptologen bisher dachten[46]. Vielmehr handele es sich um eine „Verlängerung“ sehr alter Rituale, die nie aus der Praxis verschwunden seien. In groben Zügen erscheinen sie zuerst auf den Wänden der Pyramiden der 6. Dynastie, bevor sie auf den Särgen des Mittleren Reiches, später in den Gräbern der Spätzeit und schließlich auf liturgischen Papyri verzeichnet wurden. Sie ähneln dem Typ der funerären Liturgie, d.h. Spruchgut, das von dem Vorlesepriester während der Begräbniszeremonien rezitiert werden sollte.

Der *jnj-bꜢ*-Spruch kann in fünf der acht Textzeugen des ersten Verklärungsbuches gefunden werden[47], die alle aus dem Anfang der Ptolemäerzeit stammen. Die Besitzer zweier Belege dieser *sꜢḫw*-Texte hatten daneben ein gesondertes Exemplar eines Totenbuches der Saitischen Rezension[48], während P. Paris Louvre N3129 auch in seinem ersten Teil ein vollständiges Totenbuch aufweist. Aus dieser Beobachtung lässt sich möglicherweise die These ableiten, dass jedes Exemplar dieser Verklärungen einem Totenbuch hinzugefügt war.

Assmann[49] äußert die Vermutung, dass die vollständige Liturgie einem Ritual entspricht, das während der Nacht beginnt und sich über den gesamten Tag bis zur darauf folgenden Nacht fortsetzt. Dieser Verlauf spiegelt sich auch in der Abfolge der Paragraphen des Verklärungsbuches.

Der *jnj-bꜢ*-Spruch ist in den 14. Spruch der Komposition auf der letzten Manuskriptseite bei den bekannten Belegen eingefügt. Diese Lage am Ende des Papyrus könnte sich durch den Inhalt erklären lassen: Nachdem alle Rituale an der Mumie ausgeführt worden sind, d.h. die physische Hülle gereinigt ist, war es unbedingt erforderlich, dass der Ba zum Körper zurückkehrt. Hierfür rief man den Ba-Bringer und den Schattenabschneider, damit sie den Ba zum Körper bringen konnten. Das Ende des Textes formuliert die Reinheit aller wichtigen Bestandteile des Menschen. Das Balsamierungsritual ist damit vollständig in allen Etappen ausgeführt und zu einem erfolgreichen Abschluss gebracht.

Der 14. Spruch des Verklärungsbuches setzt sich aus vier verschiedenen Abschnitten zusammen. Assmann betont die Schwierigkeit, die Verbindungen zwischen diesen vier kleinen Textblöcken im Gegensatz zu den anderen Sprüchen des ersten Verklärungsbuches zu verstehen. Der erste Text ist ein Mix von Einzelsätzen, die aus den Pyramidentexten stammen.

---

44 ASSMANN, in: *Fs Lichtheim*, 7.

45 JUNKER, *Stundenwachen*; PRIES, *Stundenwachen*.

46 ASSMANN, in: *Fs Lichtheim*.

47 P. Berlin 3057 (unpubliziert, in Vorbereitung von B. Backes), P. London BM EA 10252 (teilweise publiziert in *Urk*. VI); P. London BM EA 10317 (unpubliziert, in Vorbereitung von Fr.-R. Herbin), P. London BM EA 10319 (unpubliziert, in Vorbereitung von Fr.-R. Herbin), P. Paris Louvre N3129 (teilweise publiziert bei GOYON, in: *KÊMI* 19 [1969]; GOYON, in: *RdE* 20 [1968], 63–96).

48 P. London BM EA 10317 und P. London BM EA 10319.

49 ASSMANN, in: *Fs Lichtheim*, 7–8.

Derartig zusammengestellte Texte finden sich auch in einigen Totenbüchern, die den *jnj-bꜣ*-Spruch aufgenommen haben. Der Paragraph bezieht sich auf den Schutz des Papyrusbesitzers, der mit Osiris Chontamenti gleichgesetzt wird, durch die Göttinnen Isis und Nephthys. Dies wiederum erinnert an Sarkophage, die sehr oft entweder eine Darstellung der beiden Schwestern tragen, wie sie die Mumie des Verstorbenen auf dem Totenbett schützen, oder eine Verwünschungsformel wiedergeben, die seinen Schutz durch das Paar erzwingen soll. Thema des zweiten Spruchabschnittes ist eine Libationsformel, die nicht nur für den Schutz des Verstorbenen bestimmt ist, sondern ihm auch Kraft geben soll, damit er seine Feinde bekämpfen kann. Im dritten Absatz werden zwei Gottheiten angerufen: Horus muss den Verstorbenen durch die Vernichtung seiner Feinde schützen, während es die Aufgabe des Upuaut ist, den Weg des Toten zu sichern und ihm zu erlauben, zu allen Orte zu gehen, an die er zu gehen wünscht. Diese Götteranrufung steht direkt vor dem *jnj-bꜣ*-Spruch, der den vierten Abschnitt des 14. Spruches bildet. Möglicherweise besteht ein Zusammenhang zwischen dem dritten Abschnitt und der Angst des Verstorbenen, in seiner Bewegungsfreiheit behindert zu werden. Im dritten Spruchabschnitt wünscht der Verstorbene, zu jedem Ort gehen zu können, während es im *jnj-bꜣ*-Spruch sein Wunsch ist, dass sein Ba zu seinem Körper zurückkehren kann. Der Kreis schließt sich und der Regenerationszyklus ist somit beendet.

3.4.1 Varianten

Die fünf Papyri geben genau denselben Text wieder. Wie im ersten Verklärungsbuch üblich ist der Name des Verstorbenen auch hier nicht genannt, sondern durch die Bezeichnung Chontamenti ersetzt. P. London BM EA 10317 stellt die einzige Ausnahme dar, weil der Name des Verstorbenen sowie seine Titel und seine Abstammung mütterlicherseits verzeichnet sind.

1.	*kj*	Anderer (Spruch)
2.-3.	*I jnj bꜣ.w ḥsq šw.wt*	O du Bringer der Bas, Abschneider der Schatten!
6.	*ẖnm=ṯn n=f ḏ.t=f nḏm jb=f*	Möget ihr ihn mit seinem Körper vereinigen, damit sein Herz sich wohlfühlt!

4. Übersetzung und Kommentar

Die Auswahl eines Papyrus als „Idealversion" eines Textes ist immer ein komplexes Unterfangen und nicht einfach festzulegen. Ist die älteste Fassung vorzuziehen? Soll man die Version auswählen, die grammatikalisch gesehen die am wenigsten mit Fehlern behaftete zu sein scheint? Liefert ein unpublizierter Papyrus mehr Informationen als ein bereits veröffentlichtes Manuskript?

In Bezug auf den *jnj-bꜣ*-Spruch konnte die Auswahl nicht auf Grundlage der Datierung getroffen werden. Dieses Kriterium schied aus, da die verschiedenen auf Totenbuch-Handschriften verzeichneten Versionen chronologisch zu nah beieinander liegen, auch wenn P. Chicago OIM 9787 nach den von T. G. Allen in seiner Textedition festgestellten paläographischen Beobachtungen leicht älter zu sein scheint als die anderen Manuskripte.

Der Erhaltungszustand eines Papyrus kommt natürlich als Entscheidungsmerkmal in Betracht, doch ist die Mehrheit der Handschriften gut genug erhalten, sodass dieses Kriterium auf Tb 191 nicht anwendbar ist.

Die Schwierigkeiten hinsichtlich der Lesbarkeit können bei der Auswahl eines Manuskriptes ebenfalls ausschlaggebend sein. Folglich wurde die von B. Backes[1] publizierte Papyrusgruppe nicht berücksichtigt, da ausgerechnet die für unsere Zwecke wichtigen Textpassagen schwer zu lesen sind.

Die Wahl fiel daher auf den Papyrus P. London BM EA 9963, der zweierlei Vorteil bietet: Eine sehr gute Herstellungsqualität und eine sehr leichte Lesbarkeit. Abgesehen von einigen kleinen Idiosynkrasien des Schreibers stößt man in ihm nur auf sehr wenige problematische Elemente in graphischer wie auch grammatikalischer Hinsicht. Der Text ist außerdem komplett wiedergegeben, wobei lediglich Phrase (9) ausgelassen wird, und hat als Besonderheit eine angefügte Schlussformel.

1	*ḏd mdw jn Wsjr N*	Worte zu sprechen von Osiris N:
2	*I jnj bꜣ.w*	O du, Bringer der Bas,
3	*I ḥsq šw.wt*	o du, Abschneider der Schatten,
4	*I nṯr.w jp.w nb*[2] *tp.(j)w ꜥnḫ.w*	o alle diese Götter, die an der Spitze der Lebenden sind!
5	*mj.n*[3] *jn ṯn bꜣ n Wsjr N n=f*	Kommt und bringt den Ba des Osiris N zu ihm!
6	*nḏm jb=f ẖnm=f ḏ.t=f*	Er fühlt sich wohl, wenn er sich mit seinem Leib vereinigt!
7	*jw bꜣ=f n ḏ.t=f n jb=f*	Möge sein Ba zu seinem Leib und seinem Herz kommen!
8	*sẖn bꜣ=f n ḏ.t=f n jb=f*	Möge sein Ba seinen Leib und sein Herz umarmen,
9[4]	*ḥtm bꜣ=f n ḏ.t=f*	möge sein Ba seinen Leib versehen!

1 BACKES, *Drei Totenpapyri.*

2 Die Position von *nb* nach dem Demonstrativpronomen ist zwar ungewöhnlich, doch lassen sich hierfür einige Beispiele bereits in der spätmittelägyptischen Sprache finden. Vgl. JANSEN-WINKELN, *Spätmittelägyptische Grammatik*, § 421. ASSMANN, *Totenliturgien* III, 213, hat die Übersetzung „o ihr Götter, Herren der lebendigen Köpfe/Köpfe der Lebenden" vorgeschlagen. Es gibt allerdings nur einen Textzeugen, in dem *nb* mit dem Pluralzeichen determiniert ist (P. London BM EA 9915). In den anderen Quellen steht *nb* (V30) immer allein.

3 *Wb* II, 35, 17; Imperativform des Verbs *jj* verstärkt mit dem enklitischen Personalpronomen. Vgl. FECHT, *Wortakzent und Silbenstruktur*, § 252.

10	*jn sn n=f nṯr.w m ḥw.t-{m}bnbn m Iwnw*	Mögen die Götter sie in das Benben-Haus in Heliopolis zu ihm bringen,
11	*r-gs Šw sꜣ Itm*	an die Seite von Schu, Atums Sohn!
12	*jb=f n=f mj Rꜥ*	Sein *jb*-Herz gehört ihm wie Re.
13	*ḥꜣ.tj=f n=j mj Ḫprj*	Sein *ḥꜣ.tj*-Herz gehört mir (sic) wie Chepri.
14	*wꜥb sp-sn.w n kꜣ=f wꜥb sp-sn.w n bꜣ=f wꜥb sp-sn.w n ḫꜣ.t=f wꜥb sp-sn.w šw.wt=f wꜥb sp-sn.w n sꜥḥ=f*	Reinheit, zweimal, für seinen Ka, Reinheit, zweimal, für seinen Ba, Reinheit, zweimal, für seinen Leichnam, Reinheit, zweimal, für seine Schatten, Reinheit, zweimal, für seine Mumie!
15	*nn sk=f ḏ.t m-bꜣḥ nb tꜣ-ḏsr*	Er wird also nicht vor dem Herrn der Nekropole vernichtet sein, ewiglich!

1. P. Aberdeen ABDUA 84023/1, P. Berlin 3158/1, P. London BM EA 9925: *ḏd=f* „Er sagt."

   P. Berlin 3158/2, P. Berlin 3159, P. BM London BM EA 9915: *ḏd mdw jn Wsjr N ḏd=f* „Worte zu sprechen von Osiris N. Er sagt."

   P. Chicago OIM 9787: *r n jnj bꜣ r ḫ.t ḏd mdw jn* „Spruch, den Ba zum Leichnam zu bringen. Worte zu sprechen von."

   P. London BM EA 9923: *ḏd mdw j<n>* „Worte zu sprechen von."

   P. London BM EA 73670: *r n njs r bꜣ.w mj.n m ḥtp m bw pn* „Spruch, die Bas anzurufen. Kommt in Frieden zu diesem Ort!"

   P. New York Amherst 23/1, /2, /4: *h(ꜣ)y Wsir N* „Hay Osiris N!"

   P. New York Amherst 23/3: *h(ꜣ)y sꜣ-tꜣ Wsir N* „Freude und jubeln Osiris N!"

   P. Paris Louvre N3093: *h(ꜣ)y Wsir N ḏd=f* „Hay Osiris N! Er sagt."

   P. Aberdeen ABDUA 84023/2, P. Berlin 3122, P. London BM EA 10218, P. Paris Louvre N3108, P. Vatikan 38596: keine Sprucheinleitung.

2. Drei Versionen dieser Anrufung kommen in den Quellen vor:

a) P. Aberdeen ABDUA 84023/1, /2, P. Berlin 3158/1, /2, P. Berlin 3159: *I jnj bꜣ* „O du, Bringer des Ba!"

b) P. Berlin 3122, P. London BM EA 9915, P. London BM EA 9923, P. London BM EA 9925, P. Paris Louvre N3093, P. Pavia Eg. 3: *I jnj bꜣ.w* „O du, Bringer der Bas!"

c) P. London BM EA 10751, P. London BM EA 73670, P. New York Amherst 23/1, /2[5], /4[6]: *I nꜣ bꜣ.w* „O ihr, Bas!"

Andere Varianten

P. Chicago OIM 9787: *I jnj bꜣ.w ꜥnḫ.w* „O du, Bringer der Bas der Lebenden!"

P. Vatikan 38596: *I nꜣ bꜣ.w ḥsq sw.wt*[7] „O ihr, Bas, Abschneider der Schatten!"

---

4 In P. London BM EA 9963 existiert dieser Satz nicht. Die hier herangezogene Quelle ist P. London BM EA 9925.

5 *I n(ꜣ) bꜣ.w {n}.*

6 Ibid.

7 Die Lesung dieser beiden Wörter ist problematisch. Ein „akrobatischer" Lesungsvorschlag könnte folgendermaßen lauten: Das *ḥnq.t*-Gefäß wäre *ḥ* oder vielleicht *ḥ{n}(s)q* zu lesen, *n* für *z* und *t* für *q*. Danach folgt die Kuhvulva als *šw* mit zwei *t* als phonetischen Komplementen und schließlich das Zeichen N25 als Pluralkennzeichnung. An dieser Stelle sei B. Backes für seine Hilfe gedankt.

3. Grundsätzlich gibt es zwei Versionen dieser Passage:
   a) P. Aberdeen ABDUA 84023/1[8], /2, P. Berlin 3158/1[9], /2, P. Berlin 3159[10]: *I jnj ḥsq bꜣ* „O du, Bringer des Abschneiders des Ba!"
   b) P. Berlin 3122, P. Chicago OIM 9787[11], P. London BM EA 9915, P. London BM EA 9923, P. London BM EA 9925, P. London BM EA 10751, P. London BM EA 73670, P. Paris Louvre N3093, P. Paris Louvre N3108, P. Pavia Eg. 3: *I ḥsq šw.wt* „O du, Abschneider der Schatten!"

   Andere Varianten

   P. New York Amherst 23/1: *I n(ꜣ) ḥsq(.w) ẖꜣybw.t* „O ihr, Abschneider der Schatten!"
   P. New York Amherst 23/2, /4: *I n(ꜣ) ḥsq.w šw.wt* „O ihr, Abschneider der Schatten!"

4. Die Belege zeigen drei Versionen dieses Ausdruckes:
   a) P. Aberdeen ABDUA 84023/1, /2, P. Berlin 3158/1, P. Berlin 3159[12], P. Paris Louvre N3093[13]: *I nṯr.w jp.w nb(.w) tp.(j)w ꜥnḫ* „O alle diese Götter, die an der Spitze des Lebens sind!"
   b) P. Chicago OIM 9787, P. London BM EA 9915, P. London BM EA 9923, P. London BM EA 10218, P. London BM EA 10751, P. New York Amherst 23/1[14], /2[15], /4[16]: *I nṯr.w jp.w nb(.w) tp.(j)w ꜥnḫ.w* „O alle diese Götter, die an der Spitze der Lebenden sind!"
   c) P. Berlin 3122, P. London BM EA 73670[17], P. Paris Louvre N3108: *nṯr.w jp.w nb(.w) tp.(j)w ꜥnḫ* „alle diese Götter, die an der Spitze des Lebens[18] sind."

   Andere Varianten

   P. Berlin 3158/2: *I nṯr.w jp.w tp.(j)w ꜥnḫ* „O diese Götter, die an der Spitze des Lebens sind!"

5. Die Textzeugen weichen bei dieser Passage nicht sonderlich voneinander ab. Lediglich P. Aberdeen ABDUA 84023/1, /2[19], P. Berlin 3158/1[20], /2[21] und P. Berlin 3159 benutzen die *sḏm=f*-Form des Verbs *jj*, *jj=w* für *jj=sn*, statt der Imperativform, die die Mehrheit der anderen Papyri verwendet. Vermutlich beruht dies auf einem Missverständnis der Schreiber der drei Manuskripte.

---

8 *I jnj ḥ{t}<s>q bꜣ {n}.*
9 *ḥsq* mit X1 für *t* geschrieben; *I jnj ḥsq šw.tj btnn* (?). *btn Wb* I, 485, 17–18 „sich widersetzen" ergibt keinen Sinn. Möglicherweise *btnn* für *jptnj* so geschrieben?
10 *I jnj ḥꜣꜣ bꜣ šw.tj* „O du, Bringer des Abschneiders des Ba und der beiden Schatten".
11 *šw.t* ist mit Aa1 determiniert.
12 *I n(ꜣ) nṯr.w.*
13 *nṯr.w* und *ꜥnḫ* alphabetisch geschrieben.
14 *nṯr.w* nur mit G7 und Pluralzeichen geschrieben.
15 *nṯr.w* mit G7 und Pluralzeichen dreimal geschrieben.
16 *ꜥnḫ.w* mit A1 und B1 als Determinativ.
17 *nṯr.w* alphabetisch geschrieben.
18 Oder im Fall von P. Berlin 3122 und P. London BM EA 73670, aufgrund des Determinatives des sitzenden Mannes, „der Lebenden".
19 *n <ḏ>.t=f* statt *n=f* „zu seinem Leib".
20 *jj=sn jn bꜣ n Wsjr N n=f* „Mögen sie kommen, um den Ba des Osiris N zu ihm zu bringen".
21 *jj=sn jn bꜣ n Wsjr N n <ḏ>.t=f tf* „Mögen sie kommen, um den Ba des Osiris N zu diesem seinem Leib zu bringen".

Andere Varianten

P. London BM EA 10751: *mj*[22]*.n jn ṯn bꜣ* „Kommt und bringt den Ba!"
P. New York Amherst 23/1: *mj.n mꜣꜣ.n=ṯn bꜣ n Wsjr N n=f* „Kommt, nachdem ihr gesehen habt, dass der Ba des Osiris N ihm gehört[23]."
P. New York Amherst 23/2: *mj.n mꜣꜣ.n=ṯn bꜣ n Wsjr N* „Kommt, nachdem ihr den Ba des Osiris N gesehen habt."
P. New York Amherst 23/4[24]: *mj.n mꜣꜣ.n=ṯn bꜣ n Wsjr N jw.n=f* „Kommt, nachdem ihr den Ba des Osiris N gesehen habt und er gekommen ist."
P. Paris Louvre N3093: *mj jnj ṯ(n) bꜣ n Wsir N jw.n=k {j}n=f* „Kommt und bringt den Ba des Osiris N, nachdem du zu ihm gekommen bist (?)"
P. Vatikan 38596: *mj.n jnj*[25] *ṯn bꜣ n Wsjr N ḫr Wsjr n=f* „Kommt und bringt den Ba des Osiris N bei Osiris zu ihm!"

6. Es existieren hauptsächlich drei Versionen dieser Passage:
   a) P. Aberdeen ABDUA 84023/1, /2, P. Berlin 3159[26], P. Berlin 3122, P. Paris Louvre N3108: *ẖnm n=f ḏ.t=f nḏm jb=f* „Möge sein Leib sich mit ihm vereinigen, damit er sich wohlfühlt!"
   b) P. Chicago OIM 9787, P. London BM EA 9923[27], P. Paris Louvre N3093, P. Pavia Eg. 3: *ẖnm=f ḏ.t=f nḏm jb=f* „Möge er sich mit seinem Leib vereinigen, damit er sich wohlfühlt!"
   c) P. New York Amherst 23/1, /3, /4: *nḏm jb=f ẖnm=f ḏ.t=f* „Er fühlt sich wohl, wenn er sich mit seinem Leib vereinigt."

Andere Varianten

P. Berlin 3158/1, /2 lassen *nḏm jb=f* aus.
P. London BM EA 9915: *nḏm.n=f jb=f* „er fühlt sich wohl". Es gibt kein anderes Beispiel der *sḏm.n=f*-Form des Ausdrucks *nḏm jb*. Vielleicht sollte man daher die Phrase als *nḏm n=f jb=f* auffassen „Möge sein Herz für ihn süß sein"?
P. London BM EA 9925 und P. London BM EA 73670 behalten nur den ersten Teil des Satzes.
P. Vatikan 38596: *ẖnm=f ḏ.t=f n bꜣ=f n s(ꜥ)ḥ=f n ḏ.t=f n jb=f* „Möge er seinen Leib mit seinem Ba, mit seiner Mumie, mit seinem Leib, mit seinem Herz vereinigen!"

7. Grundsätzlich lassen sich zwei Versionen dieses Satzes ausmachen:
   a) P. Aberdeen ABDUA 84023/1[28], /2, P. Berlin 3158/1, /2[29], P. Berlin 3159, P. Berlin 3122, P. Paris Louvre N3108, P. Pavia Eg. 3: *jw bꜣ=f n ḏ.t=f* „Möge sein Ba zu seinem Leib kommen!"
   b) P. Chicago OIM 9787, P. London BM EA 10218[30] (?), P. New York Amherst 23/1, /3: *jw bꜣ=f n ḏ.t=f n jb=f* „Möge sein Ba zu seinem Leib, zu seinem Herz kommen!"

---

22 *mj* mit G1 für M17 geschrieben?
23 Oder *mj.n mꜣꜣ n=ṯn* „Kommt und seht! Der Ba des Osiris gehört ihm."
24 „Kommt! Ihr seht den Ba des Osiris N. Er kommt (?)".
25 *jn* mit W24 und D54 geschrieben.
26 *ẖnm n=f* <*ḏ*>*.t=f nḏm jb=f*. *nḏm* alphabetisch geschrieben.
27 Das Suffixpronomen wechselt erst ab *nḏm jb=* zur fem. Variante (Besitzerin).
28 *=f* fehlt.
29 *n* fehlt.
30 Mit weiblichen Suffixpronomina und Vertauschung der Reihenfolge zu [ ] *ḏ.t=s n bꜣ=s n jb=s*.

Andere Varianten

P. London BM EA 9915: *jw bꜣ=f m ḏ.t=f*[31] *nḏm ḏ.t=f n bꜣ=f* „Möge sein Ba zu seinem Leib kommen, möge sein Leib süß für seinen Ba sein!“
P. London BM EA 9923: *jw bꜣ=s m p.t* „Möge ihr Ba zum Himmel kommen!“
P. Paris Louvre N3093: *jw bꜣ n d.t=f nḏm jb=f* „Möge der Ba zu seinem Leib kommen, damit er sich wohlfühlt!“
P. Vatikan 38596: *jw bꜣ=f ḥnꜥ ḏ.t=f n jb=f* „Möge sein Ba und sein Leib zu seinem Herz kommen!“
P. New York Amherst 23/4: *jw bꜣ n=f n ḏ.t=f n jb=f* „Möge der Ba zu ihm, zu seinem Leib, zu seinem Herz kommen!“

8. Die Belege kennen hauptsächlich zwei Versionen für diese Phrase:
   a) P. Aberdeen ABDUA 84023/1[32], /2[33], P. Berlin 3122, P. Berlin 3158/1[34], /2[35], P. Berlin 3159[36], P. London BM EA 9923[37], P. London BM EA 9925, P. London BM EA 73670[38], P. Paris Louvre N3093, P. Paris Louvre N3108: *sẖn ḏ.t=f n bꜣ=f* „Möge sein Leib seinen Ba umarmen!“
   b) P. Chicago OIM 9787, P. New York Amherst 23/1, /3, /4[39]: *sẖn bꜣ=f n ḏ.t=f n jb=f* „Möge sein Ba seinen Leib und sein Herz umarmen!“

   Andere Varianten

   P. Vatikan 38596: *sẖn bꜣ=f n ḏ.t=f* „Möge sein Ba seinen Leib umarmen!“

9. Diese Passage ist nicht in allen Papyri vorhanden, sondern erscheint nur in P. Berlin 3122, P. Chicago OIM 9787[40], P. London BM EA 9925, P. London BM EA 73670 und P. Paris Louvre N3108. P. Berlin 3122 hat dabei die Reihenfolge von Ba und Leib vertauscht.

10. P. Aberdeen ABDUA 84023/1[41], /2 und P. Berlin 3159 tragen die Variante *jnj se n=f nṯr.w m ḥw.t-bnbn mn(.t) m Iwnw* „Mögen die Götter sie in das Benben-Haus, das in Heliopolis steht, zu ihm bringen!“

    Andere Varianten

    P. Berlin 3158/1: *jnj.n nṯr.w m ḥw.t b{t}<n> b{t}<n> mn.t n Iwnw* „Die Götter haben (sie) in das Benben-Haus, das in Heliopolis steht, gebracht.“
    P. Berlin 3158/2: *jnj*[42]*.n se n=f nṯr.w n m ḥw.t b{t}<n> b{t}<n> mn(.t) (m) Iwnw* „Die Götter haben sie in das Benben-Haus, das in Heliopolis steht, zu ihm gebracht.“

---

31 *ḏ.t* ist mit N14 geschrieben (DAUMAS, *Valeurs phonétiques* III, 448).
32 *sẖn {n} <ḏ>.t=f {tf} n bꜣ=f.*
33 *sẖn <ḏ>.t=f (n) bꜣ.*
34 *sẖn <ḏ>.t=f n bꜣ.*
35 Ibid.
36 Ibid.
37 Mit weiblichen Suffixpronomina.
38 Mit weiblichen Suffixpronomina.
39 *sẖn* ist mit einer Dreifachsetzung von O30 geschrieben; Verwechslung mit *sẖn.t* „Pfosten; Stütze“ (*Wb* III, 471, 15–472, 7).
40 *ḥtm bꜣ=f n ḏ.t=f n jb(=f)* „Möge sein Ba seinen Leib und (sein) Herz versehen!“
41 *nṯr.w* mit zweimal geschriebenem R8A.
42 Statt *jnj* steht *wbꜣ*, was jedoch ohne Sinn bleibt und vermutlich auf ein visuelles Missverständnis des Schreibers zurückzuführen ist. Vgl. BACKES, *Drei Totenpapyri*, 42.

11. Die Manuskriptgruppe P. Aberdeen ABDUA 84023, P. Berlin 3158 und P. Berlin 3159 zeigt dieselbe Variante, die man als *ꜣ.t=k Šw sꜣ Itm* lesen könnte, aber in dieser Form keinen Sinn ergibt. Eine Möglichkeit ist eine Verwechslung oder eine spielerische Schreibung von V31 und Aa15. *gs* kann problemlos in griechisch-römischer Zeit [43] geschrieben werden. G1 kann auch den Lautwert *r* haben[44].
P. Pavia Eg. 3 *bꜣ* statt *sꜣ*.

12. Die Mehrheit der Quellen gibt dieselbe Version wieder. Die einzige Ausnahme zeigt sich in P. New York Amherst 23/1 und /3 *jb=k n=k mj Rꜥ* „Dein *jb*-Herz gehört dir wie Re".
P. London BM EA 73670 *mj* ist mit U7 und D21 geschrieben.

13. P. Paris Louvre N3093: *jb=f n=f mj Ḫprj* „Sein *jb*-Herz gehört ihm wie Chepri."
P. New York Amherst 23/1, /3: *ḥꜣ.tj=k n=k mj Ḫprj* „Dein *ḥꜣ.tj*-Herz gehört dir wie Chepri."

14. Die Reinheitsformel am Spruchende ist mit zahlreichen Varianten belegt.
P. Aberdeen ABDUA 84023/1: *wꜥb wꜥb bꜣ n bꜣ=k n ẖ{r}.t=k*[45] *n sꜥḥ=k Wsjr N* „Reinheit, Reinheit des Ba, für deinen Ba, für deinen Leichnam, für deine Mumie, Osiris N."
P. Aberdeen ABDUA 84023/2: *wꜥb wꜥb bꜣ=k n šw.tj n sꜥḥ n Wsjr N* „Reinheit, Reinheit deines Ba, für die beiden Schatten, für die Mumie, für/des Osiris N."
P. Berlin 3158/1: *wꜥb wꜥb n bꜣ=j n bꜣ=k n šw.tj n sꜥḥ=k Wsjr N* „Reinheit, Reinheit, für meinen Ba, für deinen Ba, für die beiden Schatten, für deine Mumie, Osiris N."
P. Berlin 3158/2: *wꜥb n bꜣ rdjt bꜣ=k šw.tj {n} sꜥḥ.w=k n Wsjr N* „Reinheit, für den Ba. Deinen Ba, (deine) beiden Schatten, deine Mumie, zu Osiris N geben (?)."
P. Berlin 3159: *wꜥb sp-sn.w wꜥb sp-sn.w n bꜣ n bꜣ=k n šw.tj=k n sꜥḥ=k n Wsjr N* „Reinheit, zweimal, Reinheit, zweimal, für den Ba, für deinen Ba, für deine beiden Schatten, für deine Mumie, für/des Osiris N."
P. Berlin 3122: *wꜥb sp-sn.w n kꜣ=k n ḏ.t=k n bꜣ=k n šw.wt=k n sꜥḥ=k Wsjr N* „Reinheit, zweimal, für deinen Ka, für deinen Leib, für deinen Ba, für deine Schatten, für deine Mumie, Osiris N."
P. Chicago OIM 9787: *wꜥb sp-sn.w n kꜣ=k n ḏ.t=k n bꜣ=k n šw.t=k n sꜥḥ=k n dwꜣ.t*[46] *ḏ.t* „Reinheit, zweimal, für deinen Ka, für deinen Leib, für deinen Ba, für deinen Schatten, für deine Mumie, in der Duat, ewiglich."
P. London BM EA 9915: *wꜥb sp-sn.w n kꜣ=f n bꜣ=f n šw.wt=f n sꜥḥ=f Wsjr N m dwꜣ.t ḏ.t nḥḥ* „Reinheit, zweimal, für seinen Ka, für seinen Ba, für seine Schatten, für seine Mumie, Osiris N in der Duat, für immer und ewig."
P. London BM EA 9923: *wꜥb kꜣ=f n bꜣ=f šw.t=f n sꜥḥ=f Wsjr N* „Reinheit seines Ka, für seinen Ba, (für) seinen Schatten, für seine Mumie, Osiris N."
P. London BM EA 9925: *wꜥb sp-sn.w n kꜣ=k n bꜣ=k šw.t=k ḏ.t n Wsjr N* „Reinheit, zweimal, für deinen Ka, für deinen Ba, (für) deinen Schatten, (für) den Leib, für/des Osiris N."

---

43 *Edfou* I, 220, 11.
44 DAUMAS, *Valeurs phonétiques* II, 292.
45 B. Backes liest hier <*šw.t*> statt *ẖr*, vgl. BACKES, *Drei Totenpapyri*, 43.
46 Oder *ḏ.t ḏ.t* „für immer und ewig", vgl. BACKES, *Drei Totenpapyri*, 43.

P. London BM EA 73670: *wᶜb sp-sn.w Skr-Wsjr m rn=f nb wᶜb sp-sn.w N m rn=s nb n kꜣ=t m*[47] *bꜣ=t n šw.wt=k n sᶜḥ=k m bw nb mr bꜣ=t jm* „Möge Sokar-Osiris in all seinen Namen rein sein, zweimal, möge N in all ihren Namen rein sein, zweimal, für deinen Ka, für deinen Ba, für deine (sic)[48] Schatten, für deine (sic) Mumie an jedem Ort, an dem dein Ba zu sein wünscht!"
P. New York Amherst 23/1: *[wᶜb sp-sn.w] n kꜣ=k wᶜb sp-sn.w n bꜣ=k wᶜb n sᶜḥ*[49]*=k wᶜb sp-sn.w n ẖꜣ.t=k wᶜb sp-sn.w n ẖꜣjb.wt=k* „[Reinheit, zweimal,] für deinen Ka, Reinheit, zweimal, für deinen Ba, Reinheit für deine Mumie, Reinheit, zweimal, für deinen Leichnam, Reinheit, zweimal für deine Schatten."
P. Paris Louvre N3093: *wᶜb sp-sn.w n kꜣ=k n bꜣ=k n šw.wt n sᶜḥ=k Wsjr N* „Reinheit, zweimal, für deinen Ka, für deinen Ba, für die Schatten, für deine Mumie, Osiris N."
P. Paris Louvre N3108: *wᶜb sp-sn.w n kꜣ=k n bꜣ=k n ḏ.t=k n šw.wt=k n sᶜḥ=k Wsjr N* „Reinheit, zweimal, für deinen Ka, für deinen Ba, für deinen Leib, für deine Schatten, für deine Mumie, Osiris N."
P. Pavia Eg. 3: *wᶜb sp-sn.w kꜣ=f n bꜣ=f n ḏ.t=f n sᶜḥ=f ḏ.t* „Reinheit, zweimal, seines Ka, für seinen Ba, für seinen Leib, für seine Mumie, ewiglich."
P. Vatikan 38596: *wᶜb n kꜣ=k n bꜣ=k n šw.wt=k n sᶜḥ=k r nḥḥ ḏ.t* „Reinheit für deinen Ka, für deinen Ba, für deine Schatten, für deine Mumie, für immer und ewig."

15. Dieser Satz kommt nur auf P. London BM EA 9963 vor und dient als Schlussformel.
P. London BM EA 9915: *nn {n} sḥk rn=f m ẖr.t-nṯr ḏ.t sp-sn.w* „Sein Name wird also nicht in der Nekropole vernichtet sein, ewiglich, zweimal."
P. New York Amherst 23/3: *nn sḥk=k nn ḥtm=k ḏ.t* „Du wirst nicht vernichtet sein, du wirst nicht vergangen sein, ewiglich."

47 Für *n*.
48 Der Papyrus gehört einer Frau. Der Gebrauch des männlichen Suffixpronomens an zwei Stellen innerhalb der Reinheitsformel beruht vermutlich auf einer Nachlässigkeit des Schreibers.
49 *sᶜḥ* mit einem überflüssigen *k* geschrieben.

5. Allgemeiner Kommentar mit Interpretation

5.1 Struktur des Textes

Der Spruch ist relativ kurz: Er besteht aus einem Titel, der dazu bestimmt ist, die Funktion des Textes anzuzeigen (1.), gefolgt von einer kurzen dreiteiligen Anrufung (2.–4.) und einer Beschreibung dessen, was die angerufenen Wesen für den Verstorbenen tun sollen (5.–6.). Diese geht einer Reihe von vier Verbalphrasen voran, die die Wünsche des Verstorbenen präzisieren (7.–11.). Das Ende des Kapitels teilt sich in zwei Abschnitte: Der erste dient als „Reklame", die die Wirksamkeit des Textes anpreist (12.–13.), während der zweite als Reinheitsformel angesehen werden kann, die aus sechs bis sieben Elementen besteht (14.). Drei Papyri enthalten noch ein Schlusssatz (15.).

5.2 Der Titel

Der Titel ist nur auf zwei Papyri belegt: P. Chicago OIM 9787 zeigt mit „Spruch, den Ba zum Leichnam zu bringen" die prägnanteste Fassung, die deutlich die Funktion des Spruches verkündet. Der Titel von P. London BM EA 73670, „Spruch, die Bas zu rufen", ist länger durch die Präzisierung, dass sich die Bas in Frieden zu diesem Ort (an dem das Balsamierungsritual stattfindet,) begeben können sollen. Der Gebrauch des Verbes *njs* „rufen" anstelle von *jnj* fällt auf, was eine interessante Variante für die Interpretation des Verbes *jnj* als „wegbringen/fortbringen" oder „herbringen" darstellt[1]; der durch das Verb *njs* nahegelegte Sinn scheint mehr die Aufforderung einzuschließen, den Ba mitzunehmen, als die, ihn vom Leichnam fernzuhalten.

Die anderen Papyri weisen keinerlei Titel auf oder führen einfach nur die Angabe *ḏd mdw*, als Variante *ḏd=f*.

5.3 Die Anrufungen

Der Ba „beglückt" die Mumie, wenn er zu ihr zurückkehrt. [2]

Der Spruch beginnt mit der Anrufung zweier Wesen, *jnj bꜣ/.w* und *ḥsq šw.t/.wt*, an die sich die Gruppe der *nṯr.w jp.w nb.w tp(j).w ꜥnḫ.w* anschließt.

Auf den Sarkophagen, den Stelen, den Wänden des Grabes von Atfih und in den Belegen vom Typ „Totenbuch" sind die beiden ersten Ausdrücke nur durch das Pluralzeichen determiniert[3]. Das wirft die Frage nach der Natur dieser Wesen auf: Sind sie als Gottheiten zweiten Ranges anzusehen, als göttliche Epitheta, Dämonen oder Geister[4]? In den hieratischen Versionen, d.h. in den Papyri, bei denen der Spruch in die Verklärungstexte integriert ist[5], lässt sich feststellen, dass der Ausdruck *jnj bꜣ/.w* grundsätzlich als Determinativ das Gotteszeichen eines Falken auf der Standarte (G7) besitzt, *ḥsq šw.t/.wt* hingegen das Zeichen

---

1 Siehe infra S. 39–40.

2 ASSMANN, *Tod und Jenseits*, 128.

3 Mit Ausnahme von P. London BM EA 73670, auf dem der erste Ausdruck durch das Gotteszeichen A40 näher bestimmt ist, von P. London BM EA 9923, wo das Verb *jnj* ebenfalls durch dieses Zeichen determiniert wird, und von P. Chicago OIM 9787, auf dem sich der vollständigere Ausdruck *bꜣ.w ꜥnḫ.w* wiederfindet, wiederum mit dem Gotteszeichen als Determinativ.

4 Zu den Definitionsversuchen dieser verschiedenen Kategorien siehe zuletzt LUCARELLI, in: *JANER* 11 (2011), 109–125.

5 Siehe S. 26–28.

des niedergeschlagenen Feindes[6] (Z6). Kann man aufgrund dieser Determinative von einer göttlichen Natur im Gegensatz zu einer dämonischen ausgehen[7]? Zwar ist die Beantwortung dieser Frage schwierig, doch ist es interessant, die Konstruktion anhand dieser beiden Ausdrücke zu betrachten. Die Klassifizierung beider Wesen ist komplex, und es bleibt abzuwarten, ob eine Bestimmung ihrer Funktion und ihrer Natur möglich sein wird.

5.3.1 Vorschläge einer Übersetzung

Für beide Ausdrücke gibt es bereits mehrere Übersetzungsvorschläge, die sich hinsichtlich des ersten Wesens generell in zwei Gruppen einteilen lassen: Die Entität kann sowohl „der, der den Ba/die Bas fortbringt“[8] oder „der, der den Ba/die Bas bringt“[9] bedeuten. Das zweite Element der Anrufung nennt „den, der den/die Schatten abschneidet“. Für die beiden ersten Bestandteile existieren nur relativ wenige Varianten. Sie betreffen im Wesentlichen die Partizipien, die manchmal in den Plural gesetzt sind – „die, die bringen“, „die, die abschneiden“ – oder auch mit den Komplementen „Ba“ und „Schatten“ versehen sein können. Die Interjektion *I* ist nicht immer nach der ersten Anrufung vorhanden, was vermuten lässt, dass die beiden Ausdrücke nur ein einziges Wesen bezeichnen. Sie könnte ebenso einen distributiven Wert haben, wie es sich manchmal in den magischen Papyri mit diesem Anrufungstyp an verschiedene Gottheiten zeigt. Die Annahme eines einzelnen Wesens, das als „Ba-Bringer UND Schattenabschneider“ charakterisiert wird, ist problematisch, wenn man die dritte Anrufung an „alle diese Götter, die an der Spitze der Lebenden sind“ betrachtet.

Drei Interpretationen – den Textvarianten gemäß – sind folglich denkbar:

- Es ist zu unterscheiden zwischen „dem Ba-Bringer“, „dem Schattenabschneider“ und „allen diesen Göttern, die an der Spitze der Lebenden sind“. Mit anderen Worten: Man hat es mit zwei genau bezeichneten und identifizierten Wesen zu tun und mit einem Götterkollegium, das ein anderweitig nicht belegtes Epitheton trägt. Ein derartiges System erinnert an die Listen an Gottheiten und anderen Dämonen, die in den magischen Texten angerufen werden. Die Multiplizierung der Namen steigert das magische Potential und den Schutz des Spruches.
- Andererseits lässt sich darin ein Ensemble von Gottheiten erkennen mit dem gemeinsamen Charakteristikum, zum einen „Ba-Bringer“, zum anderen „Schattenabschneider“ zu sein und anschließend unter der allgemeinen Bezeichnung „alle diese Götter, die an der Spitze der Lebenden sind“ zusammengefasst zu werden. Diese Hypothese funktioniert allerdings nur, wenn die Partizipien der beiden ersten Ausdrücke pluralisch sind.

---

6 Es könnte sich hier um ein interessantes Indiz für die Datierung der Ausarbeitung dieses Spruches und noch allgemeiner für die Kenntnis von dem Ursprung des Spruches handeln. Da die hieratische Fassung eine Textversion bietet, die nur wenige Varianten zeigt und eine „sicherere“ Orthographie aufweist, könnte man vorschlagen, dass es sich dabei um die ursprüngliche Version handelt. Wenn man allerdings allgemeiner die hieroglyphischen Fassungen der Kapitel des Totenbuches von der 26. Dynastie an betrachtet, zeigt sich, dass die Varianten graphischer Ordnung generell zahlreicher sind als bei den hieratischen Versionen. Das graphische Kriterium ist daher mit Vorsicht heranzuziehen und erlaubt im jetzigen Zustand keine Entscheidung, ob ein Text ursprünglich auf einem Papyrus vom Typ „Totenbuch“ oder „Verklärungstexte“ auftaucht.

7 Um anzumerken, dass das Zeichen Z6 auch eine apotropäische Konnotation haben kann.

8 ALLEN, *The Egyptian Book of the Dead*, 287; ASSMANN, *Tod und Jenseits*, 117; BARGUET, *Le Livre des Morts*, 276; SCHNEIDER, in: *Fs Leclant* / 4, 359.

9 BACKES, *Drei Totenpapyri*, 41; QUIRKE, *Owners*, 96.

- Wenn sie im Singular auftreten, hat man eine Gottheit zu identifizieren, die als „Ba-Bringer“ definiert ist, und eine zweite als „Schattenabschneider“. Beide werden in der Folge als „alle diese Götter, die an der Spitze der Lebenden sind“ beschrieben.

5.3.1.1 jnj bꜣ

Dieser an erster Stelle genannte Ausdruck ist in mehreren Texten belegt, jedoch nur ein einziges Mal mit einer Bestimmung des Ortes „der, der den Ba bringt zu...“[10]. Der Hauptsinn des Verbes *jnj* ist dem Wörterbuch nach „bringen“, jedoch kann es im Kontext ebenfalls „holen“[11] bedeuten. Diese beiden Möglichkeiten erklären das Problem, dem sich die Übersetzer der Passage gegenübersahen und das auch die zahlreichen Abweichungen in der Interpretation belegen. Es lässt sich ohne Weiteres annehmen, dass die Schreiber absichtlich mit der Ambivalenz dieses Wortes gespielt haben, selbst wenn an späterer Stelle dasselbe Verb *jnj* verwendet wird, dessen Sinn dem Kontext entsprechend keinerlei Diskussion erfordert und eindeutig „bringen“ bedeutet. Im zweiten Fall ist es für den Verstorbenen tatsächlich seltsam sich zu wünschen, dass man seinen Ba von seinem Körper entfernt, obwohl die Dokumentation dieser Epoche die dauernde Sorge belegt, um jeden Preis zu vermeiden, dass derartiges passiert. Von vorneherein ist man daher versucht, die von St. Quirke und B. Backes vorgeschlagene Übersetzung „der, der den Ba bringt“, selbstverständlich vorausgesetzt zum Körper des Verstorbenen, vorzuziehen.

Gemäß der Definition von M. Smith ist der Ba „the form in which the deceased was manifested in the physical world“[12]. Der Ba macht die Wesenheit des Verstorbenen aus, die das Grab verlassen kann, sobald die Balsamierungsriten an der Mumie vollzogen wurden. Die Modalitäten dieser Trennung sind uns nicht gut bekannt[13]. Der deutlichste und häufigste Ausdruck, der für die Beschreibung dieses Momentes benutzt wird, ist *sḥr bꜣ r ẖꜣ.t* „den Ba vom Körper entfernen“[14], ohne dass die Umstände dieser Entfernung genauer benannt werden.

Grundsätzlich lässt sich sagen, dass – einmal vom Körper getrennt – dem Ba das Privileg zukommt, auf Erden in Gestalt eines Vogels mit Menschenkopf zu wandeln[15]. Auf diese Art

---

10 Siehe die Liste in *LGG* I, 373c–374a.

11 *Wb* I, 90–91.

12 SMITH, *Traversing Eternity*, 4.

13 Es existieren nur wenige Texte, die auf die Trennung von Ba und Leichnam anspielen. ŽABKAR, *A Study of the Ba Concept*, 92–94, hat zwei Beispiele in den Sargtexten ausfindig gemacht. Das erste (CT II, 95a [Sp. 99]) kann jedoch nicht herangezogen werden, da das Verb *šm* mit der Präposition *r* nie eine ablative Bedeutung haben darf, vgl. STAUDER-PORCHET, *La préposition*, 209–211. CT II, 108g (Sp. 102) zeigt eine Parallele zu diesem Satz mit dem Ausdruck *šm m*. Auch in diesem Fall darf man keine ablative Bedeutung ansetzen. Beide Passagen beschreiben eher die Vereinigung des Ba mit dem Körper durch die Körperflüssigkeiten. Es gibt allerdings einen Beleg der Trennung des Ba vom Körper in den Sargtexten. Es handelt sich um CT II, 101a (Sp. 101), in dem der Ba angerufen ist: *prr=k jm=f m [rḏw] jwf=j qjsw tp=j* „du gehst durch ihn aus [den Flüssigkeiten] meines Körpers und dem Schweiß meines Kopfes.“ Es scheint also, dass der Ba den Körper durch eine Art Verdampfung verlässt.
Wir möchten hier W. Schenkel und J. Stauder-Porchet für ihre Hilfe danken.

14 Siehe z.B. CT II, 67a (Sp. 94) und allgemeiner die grundlegende Untersuchung zu diesem Thema von ŽABKAR, *A Study of the Ba Concept*.

15 Die Darstellungsweise des Ba mit Menschenkopf taucht ab dem Neuen Reich auf, obwohl der Ausdruck bereits wenigstens seit den Sargtexten bekannt ist, vgl. CT II, 98c (Sp. 101). Siehe ŽABKAR, *A Study of the Ba Concept*, 76, 83, 144–147, und VOLOKHINE, *La frontalité dans l'iconographie*, 90–91.

kann er in den Genuss der für den Verstorbenen gedachten Opfergaben kommen, an Festen teilnehmen und im Schatten der Bäume in seinem Garten ruhen[16].

Um „am Tage“ herausgehen zu können, darf der Ba nicht in seiner Bewegungsfreiheit eingeschränkt sein[17]. Mehrere Sprüche in der funerären Literatur dienen dem Zweck, jeglichem Versuch zuvorzukommen, ihn im Leichnam oder auf diesem festzuhalten[18]. Zu der Furcht vor der Bewegungsunfähigkeit des Ba gesellt sich der Glaube, dass er – im Gegenteil – endgültig vom Körper entfernt ist, was den endgültigen Tod bedeutet[19]. Diese Vorstellung ist ebenfalls sehr geläufig im Totenbuch, wie beispielsweise der Titel von Tb 61 zeigt, ein Spruch mit dem Zweck „zu verhindern, dass der Ba eines Mannes ihm geraubt wird im Totenreich“[20].

Während diese beiden Ängste in den älteren Textkorpora der Pyramiden- und Sargtexte sehr ausgeprägt sind, sorgen sich das Totenbuch und die späteren Korpora wesentlich mehr um die Rückkehr des Ba zum Körper, um den Leichnam wecken zu können und ihm zu erlauben, die nächtliche, für seine Regeneration bestimmte Reise durchzuführen[21]. Im Allgemeinen fordern diese Sprüche direkt vom Ba, wieder zum Körper zu kommen oder es so einzurichten, dass dieser Vorgang nicht verhindert wird. Manchmal jedoch werden Agenten zur Unterstützung des Ba herbeigerufen. Bereits in den Sargtexten bittet man Horus, in seiner Rolle als „Schützer seines Vaters“, den Ba und den Schatten des Verstorbenen zu ergreifen (*jṯ*)[22]. In den späteren Texten findet man auch mehrere Erwähnungen von Duamutef oder Hapi[23] mit der Aufgabe, den Ba oder den Schatten wegzunehmen.

Auf der Grundlage dieser Beobachtungen lässt sich annehmen, dass die erste Anrufung sich an einen dieser Agenten richtet, und so ist die Übersetzung „der, der den Ba bringt“ derjenigen „der, der den Ba fortbringt“ vorzuziehen.

5.3.1.2 ḥsq šw.t

In Bezug auf den Schatten ist der Glaube, dass er den Leichnam nicht verlassen oder in ihn zurückkehren könne, ebenfalls in einigen Texten ausgedrückt[24]. In diesem Fall steht der Schatten immer in Zusammenhang mit dem Ba, und dies seit den Sargtexten. Will man schematisch die Eigenschaften, die jede dieser beiden Konstituenten eines Individuums zueigen sind, unterscheiden – auch wenn diese Unterscheidung ein wenig künstlich sein mag –, so lässt sich sagen, dass der Schatten sich vom Leichnam lösen können muss, um sich zu den „geheimen Orten“ zu begeben. Mit anderen Worten, dass er in allen Bereichen des Jenseits herumstreifen können soll, in gleicher Weise wie der Ba sich „zum Himmel“ begibt, d.h.

---

16 ASSMANN, *Tod und Jenseits*, 299–307.

17 ASSMANN, *Images et rites de la mort*, 72–80.

18 Bereits in den Sargtexten; z.B. CT VI, 84c (Sp. 500) „Er [der Ba] ist nicht eingesperrt, er ist nicht bewacht, jeder mein Ba, jeder mein Ach (sowie) jeder mein Schatten und jede meine Zauberkraft, bei den Wächtern der Körperteile, und bei den Wächtern der Bas und bei denen, die die Schatten der männlichen und weiblichen Toten absperren.“

19 Siehe z.B. CT IV, 57 i–j (Sp. 304) „Mein Ba ist mit mir, er soll nicht von mir getrennt sein (*wḏi=f r=j*)“.

20 Version P. London BM EA 10793 aus der Dritten Zwischenzeit. Siehe MUNRO, *Pa-nedjem II.*, Tf. 16.

21 ŽABKAR, *A Study of the Ba Concept*, 151. In Sargtext-Spruch 229 gibt es eine Anrufung an eine Gottheit, die damit beauftragt ist, „den Ba erneut zu binden (*ṯs*) und den Schatten wiederherzustellen (*sqd*)“ (CT III, 295a); ASSMANN, *Tod und Jenseits*, 120–131.

22 Siehe z.B. CT II, 111a–c (Sp. 104).

23 Siehe die zitierten Beispiele bei ASSMANN, in: *JEA* 65 (1979), 72–74.

24 Für den Schatten ist das Referenzwerk immer noch GEORGE, *Schatten*.

sich außerhalb des Grabes aufhält. Man findet ebenfalls zahlreiche Erwähnungen des Schattens, der auf Erden wie der Ba wandeln können soll, mit dem er sehr eng verbunden zu sein scheint. Wie B. George in ihrer Untersuchung gezeigt hat, ist der Schatten im Wesentlichen mit zwei Aktionsarten verbunden: Einerseits ist es nötig, dass er sich frei bewegen kann. Eines seiner Hauptmerkmale stellt in der Tat seine Fähigkeit dar, sich sehr schnell zu bewegen, hauptsächlich, um bestimmten Gefahren zu entkommen, aber auch einfacher, um aus denselben Vorrechten Nutzen zu ziehen wie der Ba. Andererseits muss er in der Lage sein, sich mit dem in der Duat gebliebenen Leichnam zu vereinigen[25]. Die Vernichtung des Schattens, wie die der anderen Komponenten des Verstorbenen, bedeutet den endgültigen Tod.

Die ägyptologische Fachliteratur ist sich darin einig, dass der Schatten sich vom Körper trennen muss, um sich ohne Einschränkung und Behinderung bewegen zu können. Auch wenn es sich um eine feststehende Tatsache handelt, so ist es jedoch fast unmöglich Quellen zu finden, die von dem Moment dieser Trennung berichten. Denn „darüber, wie der Schatten sich vom Menschen trennt, scheint es keine Aussage zu geben“[26], bemerkt George in ihrer Untersuchung über den Schatten. Allerdings sind die ägyptischen Quellen sehr zurückhaltend, wenn es um den entscheidenden Moment geht, der die Trennung des Leichnams von den verschiedenen Wesenheiten, die ihn ausmachen, beschreibt. Wie bereits angeführt, gibt es nur selten Erwähnungen, die den Austritt des Ba thematisieren, hingegen keine einzige Parallele in Bezug auf den Schatten. Außerdem ist es unmöglich in Erfahrung zu bringen, wie diese Trennung vonstattengeht. Da kein Ritual überliefert ist, bleibt nur die Vermutung, dass sie naturgemäß wie beim Ba geschieht. Den bekannten Quellen nach scheinen die alten Ägypter nicht das Bedürfnis gehabt zu haben, diesen Moment genau zu beschreiben.

Zunächst tendiert man angesichts der Hauptbedeutung des Verbes *ḥsq*[27] dazu, dem Ausdruck *ḥsq šw.t* eine negative Konnotation zuzuweisen, so wie es auch einige Übersetzungen vorgeschlagen haben. Das Vorhandensein des „schlechten“ Determinativs in den Versionen der Verklärungstexte unterstützt diese Idee. Das Verb *ḥsq* ist allerdings im Wesentlichen in Verbindung mit gewalttätigen Handlungen bezeugt, die sich gegen Feinde auf Erden oder im Jenseits richten, wie beispielsweise das Abschlagen des Kopfes oder anderer Körperteile – und dies seit den Pyramidentexten[28]. Ein Gott kann ebenfalls gebeten sein, den Kopf eines Feindes (des Königs oder des Osiris und im übertragenen Sinne des Verstorbenen) abzuschlagen. Im Gegenteil dazu kann der Verstorbene sich vor dem Abschlagen des Kopfes fürchten oder zudem sich wünschen, den Kopf oder jeden anderen Teil seines Körpers wiederzubekommen, nachdem er abgeschlagen worden war[29]. Das Verb wird für die Beschreibung einer bestimmten Anzahl von Gottheiten verwendet, die die Körperteile wie z.B. den Kopf abtrennen[30], besonders von Feinden, aber auch das Herz desjenigen herausschneiden, der mit bösen Absichten kommt[31]. Dieses Verb ist allerdings nur sehr selten mit den Komponenten der sozialen Person des Verstorbenen gemäß der Definition von J. Assmann[32] in Zusammenhang gebracht. Hierin liegt die Begründung für die Übersetzung „den Kopf abschla-

25 GEORGE, *Schatten*, 73ff.; siehe auch ZANDEE, *Death as an Enemy*, 182ff.
26 GEORGE, *Schatten*, 98.
27 *Wb* III, 168, 14–169, 2.
28 ZANDEE, *Death as an Enemy*, 149–150.
29 Siehe z.B. CT VI, 126m (Sp. 532), wo die verschiedenen Körperteile des Königs wiedervereint sind.
30 *LGG* V, 488c–489b.
31 *LGG* V, 489c.
32 ASSMANN, *Tod und Jenseits*, 156–160.

gen, köpfen", auch wenn das Wort „Kopf" fehlt[33]. Betrachtet man die verschiedenen Bezeugungen von *ḥsq* in der ägyptischen Dokumentation, so ist zu beobachten, dass das Verb fast immer eine gewalttätige Konnotation besitzt. In seltenen Fällen scheint das Verb *ḥsq* nichtsdestotrotz einfach nur die Vorstellung des Abschlagens wiederzugeben, ohne dass dies negativ konnotiert ist. Dies ist der Fall bei einem Ritual, das daraus besteht, die Trauerlocke (*sꜣm.t*) abzuschneiden – ein Ritual, das seit den Sargtexten bekannt ist[34] und anscheinend das Ende der Trauerzeit anzeigt[35].

Eine dieser sehr seltenen Bezeugungen, in denen die Vorstellung von Gewalt möglicherweise fehlt – zumindest ist ihr tatsächlicher Nachweis schwer –, findet sich in der Version des Neuen Reiches von Tb 168A[36]. Dieser in Zusammenhang mit den Opfern stehende Text beginnt mit einem Anruf an die Gottheiten der *qrr.t*, deren Hauptaufgabe der Schutz des Ba und die Trennung des Guten von dem Bösen ist. Die Epithetareihe setzt sich mit einer Anrufung an diese Götter fort, die als „Neunheit, die sich in der geheimen Duat befindet" und als *jrrj.w ḥsq ṯꜣw* „die, die veranlassen, den Atem abzuschneiden"[37] bezeichnet werden. Unter Berücksichtigung des Kontextes, in der dieser Name erscheint, kann man sich in diesem Fall fragen, ob es sich um Wesen handelt, deren Handlung negativ verstanden werden muss. Die Handlung des Abschneidens des Atems kommt, soweit wir wissen, nur in dieser Passage vor. Es ist sehr schwierig genau zu erkennen, auf was angespielt wird, allerdings scheint eine negative Handlung nur schwer gerechtfertigt werden zu können. Immer in Betracht zu ziehen ist, dieses Epitheton mit einem bekannteren zu verbinden, das auf das Abschneiden der Nase verweist – dieses Mal eine Vorstellung von Gewalt implizierend. Das Verb *ḥdq* wurde, so scheint es, ursprünglich für die Beschreibung dieser Bestrafung verwendet und über eine orthophonische Kollusion mit *ḥsq* verwechselt[38].

Das Abschneiden des Schattens und eine ganze Reihe anderer ihn betreffender Bestrafungen sind in der ägyptischen Literatur bezeugt. Der Vorgang des Abschneidens des Schattens wird dabei auch mit anderen Verben als *ḥsq* ausgedrückt wie *dn* oder *šꜥd*[39]. Diese beiden Verben sind insbesondere im Amduat für die Beschreibung der Gottheiten bezeugt, deren Aufgabe zwar nicht eindeutig festgelegt ist, die jedoch anwesend zu sein scheinen, um dem Sonnengott auf seiner Reise zu helfen[40]. Dieses Abschneiden des Schattens steht immer in Verbindung mit den Feinden des Verstorbenen oder eines Gottes, für die die Tat des Abschneidens des Schattens den Schutz oder die Rettung des Verstorbenen oder des Gottes bedeuten soll. Diese Handlung ist hier also nicht negativ aufzufassen, zumindest ist das Resultat für den Gott oder den Verstorbenen positiv.

33 Man könnte auch die Lexikalisierung des Ausdruckes in Betracht ziehen.

34 ZANDEE, in: *ZÄS* 99 (1972), 52–53.

35 WARD, in: *ZÄS* 102 (1975), 61–62 und Anm. 17.

36 Eine Untersuchung dieses Textes wird z.Zt. von M. Müller-Roth durchgeführt. Siehe MÜLLER-ROTH / WEBER, in: *GM* 226 (2010), 63–75.

37 P. London BM EA 10478. Siehe PIANKOFF, *The Wandering of the Soul*, Tf. 17. Der Name steht in einem Rubrum, wurde allerdings schwarz geschrieben, so wie es bei *nṯr* oder *psḏ.t* der Fall ist. Vgl. POSENER, in: *JEA* 35 (1949), 77–81.

38 Siehe MEEKS, in: *RdE* 26 (1974), 55, Anm. 6.

39 Siehe die Liste der verschiedenen Bestrafungen, die gegen den Schatten verhängt werden können, bei GEORGE, *Schatten*, 41–48.

40 Siehe beispielsweise für *dn šw.t* Amduat I, 115, 8–10; II, 122.

5.3.2 Parallelausdrücke

Wie der Ba kann der Schatten eine ganze Reihe von Schädigungen erleiden, die der Verstorbene zu vermeiden wünscht. Er kann gegessen, gekocht oder verbrannt werden. Das Verb *ḥsq* wird in Verbindung mit dem Schatten relativ wenig gebraucht. Ein Beispiel ist aus dem Ritual der „Niederwerfung des Apophis" des Papyrus Bremner-Rhind bekannt, in dem es eine Beschreibung derjenigen gibt, „die unter den Wächtern des Re sind" (*jm.jw s3w.w*). Das in diesem Manuskriptabschnitt dargelegte Ritual soll den Sonnengott vor denen schützen, die seinen Ba, seinen Leichnam, seinen Schatten, seinen Ach und seine *ḥk3*-Kraft abzuschneiden (*ḥsq*) drohen[41]. Der Kontext ist hier eindeutig negativ, da das Ziel in der Abwehr dieser Dämonen besteht, deren Aufgabe es ist, der physischen Unversehrtheit des Gottes Schaden zuzufügen. Es handelt sich mit sehr großer Wahrscheinlichkeit um eine Gruppe von Botendämonen, wie die Fortsetzung des Textes zeigt, die diese Stelle mit den „Truppen (?) des Schu (*ḏr.n Šw*)"[42] parallel setzt.

In der zweiten Stunde des Amduat befindet sich unter den verschiedenen zum Schutz des Re während seiner Reise in der Sonnenbarke abgeordneten Göttern eine Gottheit namens *ḥsq šw.t*[43]. Es handelt sich hier um die einzige eindeutig mit diesem Wesen identifizierbare Darstellung: Sie zeigt einen mit einem Messer bewaffneten Menschen, was einer üblichen Darstellungsweise eines – sei es wohlwollenden oder bösen – Dämonen entspricht. Zwar besteht die genaue Aufgabe dieses Wesens darin, die Sonnenbarke vor ihren Feinden zu schützen, das ändert jedoch nichts daran, dass die Mittel der Handlungen, aus denen es Nutzen zieht, nicht detailliert dargelegt werden: Der Gott ist einfach ein Schattenabschneider, mehr erfahren wir nicht.

Beide Belege stehen in unterschiedlichen Zusammenhängen. Die Schattenabschneider werden in beiden Fällen immer als dämonenhafte gefährliche Formen betrachtet, sei es für den Gott im ersten Fall, sei es für seine Feinde im zweiten Fall.

Diesen Parallelen folgend ließe sich die Überlegung anstellen, ob der Schattenabschneider einer dieser Messerdämonen ist, die das Jenseits bevölkern und dazu fähig sind, dem Verstorbenen Schaden zuzufügen, deren Handlungen aber auch zu seinem Nutzen umgeleitet werden können und so einen apotropäischen Wert besitzen. Jedoch ist festzustellen, dass bei allen Erwähnungen des Abschneidens des Schattens diese Handlung in einem Kontext der Gefahr für einen Dritten (Gott oder Verstorbener) stattfindet und es sich um die Bekämpfung dieser Gefahr handelt. Im Fall des *jnj-b3*-Spruches nun ruft man dieses Wesen an, damit es zugunsten des Verstorbenen handelt, und nicht, um ihn vor diesem Wesen zu beschützen.

Um welchen Schatten handelt es sich also? Die von I. Guermeur[44] vorgeschlagene Übersetzung „die, die die Gespenster köpfen" erlaubte, die gewalttätige Handlung, die im Verb *ḥsq* impliziert ist, wiederzugeben und die Verwendung des Feind-Determinativs in den Belegen der Verklärungstexte zu erklären. Sie ließe außerdem den Ausdruck der Idee zu, dass dieses Wesen den Verstorbenen beschützt und eine mögliche Bedrohung vernichtet. Allerdings ist der Begriff „Gespenst" hier problematisch[45]. Er rührt u.a. von einer zu unserer

---

41 P. Bremner-Rhind 27, 18: *ḥsq=sn b3=f ẖ3.t=f šw.t=f 3ẖ.t=f ḥk3.w=f*, siehe FAULKNER, in: *JEA* 23 (1937), 173.

42 FAULKNER, in: *JEA* 23 (1937), 183.

43 Amduat II, 141, vgl. HORNUNG, *Texte zum Amduat* I, 194, und *Das Amduat* II, 48.

44 GUERMEUR, in: *BIFAO* 104 (2004), 245.

45 Die Übersetzung „Gespenst" wurde vorgeschlagen von BORGHOUTS, *Ancient Egyptian Magical Texts*, 5 und Anm. 13. Allerdings ist sie vom Kontext beeinflusst: Der Text, um den es hier geht, P. Turin 1993, bezieht sich auf den Tod eines Wesens, „das wie ein Schatten handelt". Die anderen erfassten Belege führt *Wb* IV,

modernen Auffassung passenden Vorstellung her, dass der vom Körper getrennte Schatten eine negative Rolle als Form des Verstorbenen einnimmt, der nach seinem Tod auf Erden zurückkommt, um die Menschen heimzusuchen[46]. Taucht in der ägyptischen Literatur, insbesondere in der medizinisch-magischen Literatur[47] und in den Briefen an die Toten[48], die Vorstellung eines auf die Erde zurückgekehrten Phantoms auf, das den Verstorbenen heimsucht, so ist das Wort, das zur Beschreibung eines solchen Wesens verwendet wird, im Allgemeinen nicht *šw.t*[49]. B. George betont in ihrer Untersuchung einiger derartiger Beispiele, dass es schwierig sei festzustellen, zu wem diese „unheilvollen" Schatten gehören und ob ihr Besitzer ursprünglich mit einem unheilvollen Aspekt verbunden ist oder es sich um einen Verbrecher handelt. In einigen dieser Texte verlässt der Schatten das Jenseits, um Krankheiten und andere Plagen zu bringen wie die Botengenien, die von einigen Gottheiten ausgeschickt werden. Allerdings stellt man bei den medizinischen Papyri eine systematische Spezifizierung fest, als gehe es um den Schatten eines Toten (*mwt*) oder einer Toten (*mwt.t*), in diesem Fall durch das Feindzeichen determiniert[50]. Diese wichtige Präzisierung zeigt, dass es sich nicht um irgendeinen Schatten handelt, sondern um den eines Verstorbenen, der darüber hinaus negativ aufgefasst ist. Dies wiederum bedeutet, dass es sich nicht um einen gerechtfertigten Verstorbenen handelt, sondern vermutlich um einen dieser gefährlichen Toten, die dazu verdammt sind, im Jenseits herumzuirren. Denn wie bereits erwähnt, ist im Fall von Tb 191 der Ausdruck *ḥsq šw.t* nur in den fünf Belegen der Verklärungstexte negativ determiniert. Man kann daher bezweifeln, dass das am Beginn des Textes angerufene Wesen in Beziehung zu diesen gefährlichen Schatten steht, denen der Kopf abgeschlagen werden muss mit dem Ziel, den Verstorbenen zu schützen. Allerdings ist die Möglichkeit nicht gänzlich auszuschließen. Gemäß der Thematik der Zusammenstellung des Spruches, d.h. dem Verstorbenen zu erlauben, seine verschiedenen Komponenten und insbesondere seinen Ba wieder zu erlangen, liegt die Vermutung nahe, dass die Natur des Schattenabschneiders wenn nicht positiv so doch zumindest apotropäisch ist.

433, 7 auf; der Verweis auf Tb 92 berücksichtigt nicht die Ergänzung „*mw.t*", ebenso derjenige auf die 2. Szene des oberen Registers der 11. Stunde des Amduat „er lebt von den Schatten der Verstorbenen". Die Referenz auf das Buch vom Durchwandeln der Ewigkeit III, 4 ist interessant, weil sie sich auf die Schatten bezieht, die außerhalb der Duat umherwandern „tu voles sous la forme d'ombre dans les villes de Basse Egypte" (übersetzt von HERBIN, *Le Livre de parcourir l'éternité*, 53). Jedoch ist anzumerken, dass dieser Ausdruck parallel zum vorhergehenden gesetzt ist, der vom Ba berichtet, der gen alle Städte Oberägyptens enteilt (III, 3–4). Die Übersetzung „Phantom" oder „Gespenst" kann daher hier nicht in Betracht gezogen werden.

46 Siehe beispielsweise die 1847 veröffentlichte Erzählung „Der Schatten" von H. D. Andersen, die sich um eine Person dreht, deren Schatten auf Reisen geht, ehe er zurückkehrt und seinen Platz einnimmt.

47 Siehe u.a. BORGHOUTS, *Ancient Egyptian Magical Texts*.

48 *Editiones Principes*: GARDINER / SETHE, *Egyptian Letters to the Dead*; WENTE, *Letters*, 210–220.

49 Einige seltene Belege sind erfasst bei GEORGE, *Schatten*, 64–71, und auch KOENIG, *Magie et magiciens*, 209–216.

50 P. Berlin 3038, zitiert bei GEORGE, *Schatten*, 66. Gemäß ihrer Quellenanalyse gibt es nur einen einzigen Beleg, bei dem der Schatten eines gerechtfertigten Toten (*ꜣḫ.w*) als eine mögliche Gefahr angesehen wird (65).

5.3.3 Hypothesen zur Identität der beiden Wesen

Die Aufgabe des *jnj-bꜣ*-Spruches besteht darin, zu veranlassen, dass der Ba des Verstorbenen zu seinem Körper zurückkehrt (siehe 5.-11.), damit er „vollständig" ist[51]. Die drei im Text ausgedrückten Bitten gehen alle in Richtung einer Vereinigung von Ba und Körper (*ḏ.t*) oder – in gewissen Varianten – Herz (*jb*). Tb 89, mit dem der Spruch sowohl auf Sarkophagen als auch auf Papyri vom Typ „Totenbuch" sehr häufig verbunden ist, besitzt denselben Titel: „Spruch, um dem Ba zu erlauben, sich mit seinem Leichnam im Totenreich zu vereinigen (*dmj*)". Dies ist zudem ein eindeutiger Beweis der unbedingten Notwendigkeit dieser Vereinigung. Nichtsdestotrotz bleibt die Paarung *jnj bꜣ / ḥsq šw.t*, die durch die Wahl der Determinative in den Verklärungstexten verstärkt wird, schwer zu interpretieren. In seiner Übersetzung des Spruches schlägt J. Assmann die Lesung „O du, der du (sic) die Bas fortschleppst und die Schatten abschneidest" vor, indem er einen Parallelismus der beiden Verben *jnj* und *ḥsq* annimmt.[52] Dieser äußerliche Parallelismus scheint eindeutig, doch die daraus ableitbare Interpretation ist es weniger. Sollte allerdings *ḥsq* keine andere Bedeutung als „(ab-)schneiden" haben, so kann das Verb *jnj*, wie bereits gesehen, einen anderen Sinn – nämlich „verschleppen, fortholen" – annehmen. Will man diese Übersetzung übernehmen, stellt sich wie bei Assmann[53] immer die Frage, aus welchem Grund die Schreiber bei zwei Wiederholungen desselben Verbes (*jnj*) ihm eine entgegengesetzte Bedeutung gegeben haben sollen.

Eine verlockende, aber auf lexikographischem Gebiet schwer zu rechtfertigende Hypothese besteht darin, in diesem Textanfang einen Anruf zu sehen einerseits an ein Wesen, das mit dem Zurückbringen des Ba zum Körper beauftragt ist, und andererseits an ein Wesen, das den Schatten vom Körper trennt und ihm so erlaubt, sich frei zu bewegen. Dies setzt eine Interpretation des Verbes *ḥsq* voraus, die von seiner negativen und gewalttätigen Konnotation abweicht. Dieses *Jeu de miroir* wird durch die Verwendung antithetischer Determinative in den Versionen der Verklärungstexte verstärkt. Auf diese Weise, ohne dass dies vollständig erklärt ist, wird auf zwei Schlüsselmomente in der Dissoziation und Wiedervereinigung des Körpers und seiner verschiedenen Bestandteile Bezug genommen: der Moment der Trennung der zwei Elemente Ba und Schatten, die unverzichtbar ist für das Herausgehen am Tage, sowie der Moment der Wiedervereinigung, die notwendig ist für das Fortleben des Leichnams und seine Regeneration im Jenseits. Eine derartige Interpretation lässt sich jedoch aus Mangel an einer zufriedenstellenden Parallele, die zu ihrer Unterstützung herangezogen werden könnte, unmöglich absichern.

5.3.3.1 Identifikation von jnj bꜣ und ḥsq šw.t

Eine der interessanteren Hypothesen bezüglich der Identifikation dieser Gottheiten stammt von J. Assmann. Er schlägt vor, den Ba-Bringer und den Schattenabschneider mit den vier Horussöhnen zusammenzubringen[54]. Es gibt in der Tat einige Darstellungen und Texte, die die Horussöhne im Zusammenhang mit der Trennung und Wiederzusammensetzung des Körpers zeigen[55]. Die Hauptaufgabe dieser vier „kleinen" Gottheiten ist der Schutz des Ver-

51 Für ähnliche Ausdrucksweisen vgl. LEITZ, *Der Sarg des Panehemisis*, 193.

52 ASSMANN, *Totenliturgien* III, 215.

53 ASSMANN, *Totenliturgien* III, 215.

54 ASSMANN, in: *JEA* 65 (1979), 68–77.

55 KÁKOSY, „Ägyptische Jenseitsvorstellungen", 65–68.

storbenen. Genauer gesagt trifft man sie in Verbindung mit der Mumifizierung als Beschützer der Eingeweide des Verstorbenen an, wie sowohl ihr Vorhandensein auf den Kanopen als auch ihre Darstellung unter der Mumifizierungsbahre in mehreren Szenen des Totenbuches belegen, insbesondere – was den hier vorliegenden Text betrifft – in der Vignette von Tb 89.

5.3.3.1.1 Der jnj-bꜣ-Spruch und die vier Horussöhne

Auf den drei von B. Backes publizierten Papyri folgt dem *jnj-bꜣ*-Spruch unmittelbar – oder steht ganz in seiner Nähe – eine Anrufung an die vier Horussöhne[56]. Diese ist ebenfalls auf mehreren Sarkophagen verzeichnet, die den *jnj-bꜣ*-Spruch und die Darstellung der vier Horussöhne wiedergeben. Am Anfang des Textes werden die vier Söhne beschrieben als „die, die Horus zu seinem Vater Osiris gebracht hat (als Schutz)". Sie sollen also für den Schutz des Osiris/Verstorbenen vor seinen Feinden in der Sonnenbarke sorgen, was an den Schattenabschneider in der zweiten Stunde des Amduat erinnert. Diese Aufgabe fällt ihnen üblicherweise, insbesondere seit der Spätzeit, vor allem in den Texten der Stundenwachen zu[57]. L. Kákosy merkt an, dass sie ebenfalls als die „Träger, manchmal sogar als Personifizierungen der Organe und auch der Seelenformen, der geistigen Komponenten der menschlichen Persönlichkeit" dargestellt werden[58].

Neben den Sarkophagen und diesen drei Papyri finden sich entsprechende Darstellungen auch in einer Anzahl von Gräbern des Neuen Reiches (TT 163[59], TT 157[60], TT 373[61]) sowie im Grab des Petosiris[62].

Die Inschrift, die die Darstellung in TT 163 begleitet, beschreibt die Aufgabe der vier Horussöhne. Hier ist Hapi damit beauftragt, den Ba zu geben *(dj)*, während in TT 157 Duamutef die Aufgabe erfüllt, den Ba zu bringen *(jnj)*[63]. Den anderen Horussöhnen kommt die Rolle zu, das *jb*-Herz, den Ka und den Leichnam zu bringen. J. Assmann führt aus, dass die Verbindung zwischen diesen vier Personenelementen und den Horussöhnen in Zusammenhang mit der Bedeutung steht, die sie für das Fortleben des Verstorbenen haben. Er betont außerdem, dass der Leichnam zur körperlichen Sphäre gehört und „als Teil des Ganzen betrachtet werden darf", während die anderen drei „Elemente" in die Kategorie der Aspekte des Verstorbenen einzuordnen sind. Sie „gehören alle in den Bereich des Geistigen und [sind] schwer gegeneinander abzugrenzen", wobei sie häufig den Varianten dieses Textes zufolge als Synonyme, um nicht zu sagen austauschbar, verstanden werden[64].

Im Sinne einer Identifikation der im *jnj-bꜣ*-Spruch angerufenen Gottheiten und der vier Horussöhne spielt nicht nur die Nähe des Spruches, der diesen vier Göttern auf bestimmten Papyri gewidmet ist, eine Rolle. Mehrere dieser Manuskripte besitzen zudem Vignetten, die in Verbindung mit den Horussöhnen stehen. So weist P. Pavia Eg. 3 eine Anfangsszene auf, die den Verstorbenen in Anbetung vor Osiris zeigt (Tf. XII). Vor ihm befindet sich ein Opfertisch, auf dem die mumienförmigen vier Horussöhne stehen. In P. New York Amherst 23

56 BACKES, *Drei Totenpapyri*, 43–44.
57 KÁKOSY, „Ägyptische Jenseitsvorstellungen", 66.
58 KÁKOSY, „Ägyptische Jenseitsvorstellungen", 66.
59 ASSMANN, in: *JEA* 65 (1979), 54–77.
60 BELL, in: *MDAIK* 37 (1981), 51–62.
61 SEYFRIED, *Das Grab des Amonmose*.
62 LEFEBVRE, *Petosiris*, II, 61; III, Tf. 29; CHERPION / CORTEGGIANI / GOUT, *Pétosiris*, 130 (Sz. 91b).
63 ASSMANN, in: *JEA* 65 (1979), 71, Anm. 127.
64 ASSMANN, in: *JEA* 65 (1979), 70.

ist die Vignette von Tb 89 zu sehen, in der der Verstorbene ausgestreckt auf einer Bahre liegt (Tf. IX). Darunter sind die Kanopenkrüge aufgereiht, deren Deckel die vier Horussöhne wiedergeben. Sie sind außerdem dargestellt, wie sie die Bahre neben Isis und Nephthys einrahmen. Selbst wenn der auf die vier Horussöhne bezogene Spruch nicht vorhanden ist, scheint die Darstellung der Gottheiten dieses Fehlen auszugleichen.

Trotz dieser sehr verlockenden Hypothese bleibt der *jnj-bꜣ*-Spruch der einzige Text, der den *Ba-Bringer* und den *Schattenabschneider* zusammen inszeniert. Zwar erfüllen zwei Horussöhne die Aufgabe, den Ba zum Körper zu bringen, doch unserer Kenntnis nach gibt es keinen Beleg für das Wirken eines Schattenabschneiders in Verbindung mit letzteren.

5.3.3.1.2 Der jnj-bꜣ-Spruch und das Totenbuchkapitel 92

Der *jnj-bꜣ*-Spruch ist ebenfalls mit Tb 92 auf wenigstens vier Sarkophagen verbunden[65], möglicherweise geht die Vignette dieses Kapitels Tb 89 auf P. Berlin 3122 voraus. Der Text hat seinen Ursprung in den Sargtexten[66] und wurde dann vom Neuen Reich an für eine Aufnahme in das Totenbuch adaptiert. Auf drei Papyri[67] und in zwei Gräbern[68] zeigt die diesen Text begleitende Vignette den Ba in der Gestalt eines menschenköpfigen Vogels, wie er das Grab betritt, während der Schatten, dargestellt als schwarze Figur des Verstorbenen, das Grab verlässt[69]. Die Vignette legt also eine Bewegung dieser beiden Elemente auf das Grab hin bzw. außerhalb von ihm nahe. Dabei betont sie zugleich die Thematik der Trennung des Ba und des Schattens vom Leichnam am Morgen, um das Grab verlassen und sich frei fortbewegen zu können, sowie die Wiedervereinigung des Leichnams und der beiden Bestandteile am Abend. Die Verbildlichung dieser beiden Momente wird durch die spiegelbildliche Darstellung verstärkt, die an die Struktur des *jnj-bꜣ*-Spruches erinnert.

Diese fünf Darstellungen sind allerdings die einzig bekannten Belege dieser Vignette, das Motiv scheint wohl nicht nach dem Geschmack der alten Ägypter gewesen zu sein. Die Mehrheit der Versionen des Neuen Reiches und die Papyri der Saitischen Rezension zeigen in der den Spruch begleitenden Vignette nur den Ba, der das Grab betritt oder verlässt, zusammen mit dem Verstorbenen am Eingang, der entweder eine Adorationsgeste ausführt oder die Türen seines Grabes öffnet.[70]

Auch sonst ist die Darstellung des Schattens im Totenbuch nicht sehr geläufig. Man findet ihn dreimal in der mit Tb 89 assoziierten Vignette, die üblicherweise den Verstorbenen ausgestreckt auf einer Bahre zeigt, über dem der Ba schwebt, um sich mit ihm zu vereinigen.

65 S. Paris Louvre D40, S. Wien ÄS 1, S. Kairo CGC 29302, S. Kairo CGC 29309.

66 CT II, 91–94 (Sp. 97); CT VI, 170 (Sp. 570); CT, VI 82–85 (Sp. 499–500).

67 P. Paris Louvre N3092 (Ratié, *Le papyrus de Neferoubenef*), P. Brüssel E5043 (Milde, *Vignettes*), P. Kairo S.R. VII 10255 (teilweise veröffentlicht von Saleh, *Das Totenbuch in den thebanischen Beamtengräbern*, Abb. 60).

68 TT 219 und TT 290, vgl. Saleh, *Das Totenbuch in den thebanischen Beamtengräbern*, 52–54, Abb. 61–62.

69 Die ersten beiden Papyri fügen der Darstellung ein drittes Element hinzu: eine wie ein Gott gekleidete Person mit einem falschen Bart, über der eine schwarze Sonne zu sehen ist. H. Milde, *Vignettes*, 229–230, schlägt eine Identifizierung mit dem *ꜣḫ* des Verstorbenen vor, der am Anfang einiger dieser Papyri ebenfalls vorhanden ist. Zuletzt hat T. Lekov, in: *JES* 3 (2011), 43–61, eine neue Interpretation der Darstellung der schwarzen Figur als die des Ka des Verstorbenen vorgeschlagen, während die Idee des Schattens durch die schwarze Sonne ausgedrückt wäre.

70 Nach einer Durchsicht des Archivs des Totenbuch-Projektes zeigt die Vignette im Neuen Reich unverändert den Ba, wie er das Grab betritt und verlässt. Vom Ende der Dritten Zwischenzeit an lassen sich mehr Darstellungen des Ba beim Verlassen des Grabes nachweisen als beim Eintreten, jedoch verschwindet der zweite Typ der Vignette auch nicht völlig aus der Dokumentation. Der Verstorbene ist nicht immer in der Vignette vorhanden.

Auf den drei Manuskripten[71] kann man anstelle des Verstorbenen seinen Schatten erkennen, der auch hier als schwarzer Körper dargestellt ist, einmal auf der Bahre liegend und ein anderes Mal auf einer Art Matte oder eventuell einem Stück Erde ausgestreckt.[72]

Der Titel von Tb 92 gibt in allen bis heute bekannten Versionen an, dass dieser Spruch dazu bestimmt ist, zu veranlassen, das Grab (*js*) für den Ba und den Schatten zu öffnen (*wn*). Seine Zweckbestimmung kommt demnach derjenigen des *jnj-bꜣ*-Spruches sehr nahe. Der Text thematisiert die Wächter der Glieder des Osiris, vor denen der Verstorbene geschützt zu sein wünscht[73]:

> "(...) dass er die Worte des Osiris berichte denen mit verborgenen Sitzen, welche die Glieder des Osiris hüten (*sꜣ.w ꜥ.wt Wsjr*), welche die Verklärten bewachen und die Schatten der Toten einsperren (*ḫtm šw.wt mw.wt*), die Böses gegen mich getan haben. Eile, denn der Weg gehört deinem Ka und dir, mein Ba! Die wohlversehenen Verklärten leiten dich, du hast den Vorsitz über die Ältesten, die Vornehmsten. Du wirst nicht eingesperrt von denen, welche die Glieder des Osiris hüten (*jrj.w ꜥ.wt Wsjr*), welche die Schatten der Toten bewachen (*sꜣ.w šw.t mwt.w*)." [74]

Die Anwesenheit der Genien, die dem Schatten Schaden zufügen, muss, auch wenn es an die Schattenabschneider im *jnj-bꜣ*-Spruch erinnert, allerdings anders interpretiert werden. Hier sind unheilvolle Wesen angerufen, die der Verstorbene fürchtet und die er durch diesen Spruch zu bekämpfen versucht. Die Schatten sind diejenigen der Gespenster, der Toten, die nicht gerechtfertigt sind und ein bedeutendes Gefahrenpotential besitzen.

Folglich ist die Nähe von Tb 92 und unserem Spruch nicht zufällig, sondern kann nur auf der Grundlage der Funktion des Textes gedeutet werden: Tb 191 wünscht die Vereinigung des Ba mit dem Leichnam, während Tb 92 das Ziel hat, dem Ba wie auch dem Schatten zu erlauben, sich frei fortzubewegen. Dies wiederum impliziert, dass sie die Möglichkeit besitzen herauszugehen, aber auch in die Unterwelt für die Rückkehr in den Leichnam zurückzukommen. Nichtsdestotrotz ist es eine interessante Feststellung, dass die Vignette des Neuen Reiches diese beiden Momente deutlich unterscheidet.

5.4 Die dritte Anrufung

Die dritte Anrufung *nṯr.w tpj.w ꜥnḫ.w*[75] ist anderweitig nicht in dieser Form bezeugt. Es ist denkbar, sie mit den als *nṯr.w ꜥnḫ.w* „Götter der Lebenden" bezeichneten Gottheiten zusammenzubringen. Diese erscheinen einerseits in einer Passage, die die Durchführung des Mundöffnungsrituals erwähnt,[76] andererseits tauchen sie auf dem Papyrus Tebtynis H zur Bezeichnung einer Gruppe von Dämonen auf, die als *ḫꜣ.tjw*, also Messerdämonen[77], beschrieben sind, was an die Darstellung des Schattenabschneiders in der zweiten Stunde des

71 P. Kairo CGC 40002 (MUNRO, *Die Totenbuch-Handschriften*); P. Paris Louvre N3074 verbunden mit Tb 85 (teilweise veröffentlicht von DE CENIVAL, *Le Livre pour sortir au jour*); P. New York Amherst 25/3 verbunden mit Tb 92 (unpubliziert).

72 Wir danken M. Müller-Roth für alle diese Informationen.

73 Diese Passage des Textes stammt ursprünglich aus den Sargtexten CT VI, 69–72 (Sp. 491).

74 HORNUNG, *Totenbuch*, 183–184. Die Fassungen des Neuen Reiches sind hier sehr unterschiedlich. Deswegen geben wir hier die „ideale" Fassung von Hornung wieder.

75 *LGG* VII, 825a.

76 *Edfou* I, 173, 11.

77 OSING, *Hieratische Papyri aus Tebtunis*, 285, Tf. 29.

Amduat erinnert. Dieser Vergleich legt eine Einordnung der beiden ersten Wesen in die Kategorie der Dämonen nahe.

5.5 Die Aufgabe der angerufenen Wesen

Zwar sind die angerufenen Wesen in der Dokumentation nicht sehr gut bezeugt, es gibt jedoch zwei Parallelen zu dieser Reihung von Anrufungen in den verschiedenen Kontexten von Tb 191.

Die erste Parallele findet sich im Buch vom Ba[78], genauer gesagt in P. Berlin 10477 in der Zeile 37 des dritten Abschnittes des Textes, der aus Anrufungen an verschiedene Wesen besteht:

I bꜣ.w I ḥ(s)q šw.wt I nṯr.w jpn	O Bau, o Abschneider[79] der Schatten, o diese Götter!

Die Gesamtheit dieser Anrufungen und besonders der ihnen folgende Spruch haben nicht sehr viel mit dem *jnj-bꜣ*-Spruch zu tun. Für die angerufenen Götter geht es darum, Wasser an den Ort zu bringen, an dem die Reinigung des Verstorbenen stattfindet. Hier lässt sich vielleicht die Rolle erkennen, die der Ba-Bringer und der Schattenabschneider während des Balsamierungsrituals spielen: die Reinigung der verschiedenen Komponenten des Verstorbenen zu gewährleisten. Nichtsdestotrotz ist zu beobachten, dass hier die beiden Gottheiten zusammengerufen sind, um früher in den Ritualablauf einzugreifen, d.h. im Verlauf der Präparierung der Mumie. Der *jnj-bꜣ*-Spruch hingegen hat seinen Platz am Ende des Balsamierungsrituals.

Eine zweite Parallele befindet sich auf der Familiengruppe des Pascherientaisui im Museum Kairo[80]. Die Statuengruppe stammt aus Karnak, ihre Datierung kann nach I. Guermeur aufgrund hauptsächlich epigraphischer Merkmale nicht diesseits der 30. Dynastie zurückreichen. Da der Anfang des *jnj-bꜣ*-Spruches auf ihr vorhanden ist, kann man dieser Meinung nur beipflichten. Text D auf dem Rückenpfeiler beginnt mit einer Anrufung des Gruppenweihenden an „den, der die Bas bringt, den, der den Weg für das lebende Abbild öffnet, den, der die Gespenster köpft, (o alle diese) Götter“[81]. Anschließend folgt eine Anrufung an eine Gottheit, die den Atem erschafft und die später Re-Horus-der-beiden-Ufer-des-Horus genannt wird. Die Verbindungen zum *jnj-bꜣ*-Spruch sind nicht offensichtlich: Der auf der Rückseite der Gruppe aufgezeichnete Text bezieht sich nämlich nicht auf die Reinigung des Leichnams oder seine Wiedervereinigung mit dem Ba. Jedoch ist ebenfalls die Rede vom Ba und insbesondere von seinem Fortleben außerhalb des Grabes, das sich in Heliopolis befindet, und zwar dergestalt, dass er sich speziell nach Theben begeben können soll, um dort aus den verschiedenen Vorrechten, die dem Kult der Verstorbenen in dieser Region eigen sind, Nutzen zu ziehen. Es ließe sich daher der Vorschlag unterbreiten, dass *jnj bꜣ* und *ḥsq šw.t* (hier wahrscheinlich als ein einziges Wesen verstanden) damit betraut sind, für die

78 BEINLICH, *Das Buch vom Ba.*

79 BEINLICH, *Das Buch vom Ba*, 49, liest hier „oh Besitzer von Schatten“, jedoch lässt sich auf der Grundlage der Parallele mit dem *jnj-bꜣ*-Spruch ein *s* rekonstruieren.

80 Kairo J.E. 36576, für die Bibliographie siehe GUERMEUR, in: *BIFAO* 104 (2004), 245, note préliminaire und 1 sowie http://www.ifao.egnet.net/bases/cachette/?id=5. An dieser Stelle sei E. Jambon für die Ergänzung der Informationen gedankt.

81 *I jnj bꜣ.w wp wꜣ.t n ꜥḫm-ꜥ ꜥnḫj (j) ḥsq šw.wt (j) nṯr.w (jp.w nb.w)*, siehe GUERMEUR, in: *BIFAO* 104 (2004), 256–257. Siehe supra S. 42–43 für den Kommentar zu dieser Übersetzung. Für den Hinweis auf diese Stelle sei I. Guermeur gedankt.

Beweglichkeit des Ba zu sorgen, und dass im Kontext dieses Objektes der Ba einfach in der Lage sein muss, die sozialen Aufgaben, nach denen sich jeder Verstorbene sehnt, auszuüben.

5.6 Die Aufgabe des Spruches

Betrachten wir nun den *jnj-bꜣ*-Spruch in seiner Gesamtheit, um die genaue Aufgabe der angerufenen Wesen zu verstehen. Die sieben Phrasen, die dem Anfangsanruf folgen, geben die Bitten des Verstorbenen wieder. Die beiden ersten Phrasen (5.-6.) dienen dazu, die Beweggründe für die Anrufung der verschiedenen Gottheiten zu erklären. Die drei folgenden (7.-9.) beinhalten Ermahnungen, die nach einem gleichartigen Muster aufgebaut sind und zu einer Art Litanei gehören. Die drei Verben *jw*, *sẖn* und *ḥtm* beschreiben drei verschiedene Handlungen, die alle das *jb*-Herz des Verstorbenen „erfreuen" sollen. Zuerst geht es für den Ba darum, zum Körper zu gehen, um sich mit ihm zu vereinigen, wie es die Anfangsanrufung an den Ba-Bringer nahelegt.

Ist diese Aktion abgeschlossen, umschließt (*sẖn*[82]) der Ba den Körper und erlaubt ihm so, sich physisch mit ihm zu vereinigen. Dieses Bild erinnert an die Darstellungen auf den späten Sarkophagen, auf denen man den Ba mit ausgestreckten Flügeln auf dem Deckel sieht. Wie J. Assmann bereits andernorts betont hat, symbolisiert die Position des Ba auf der Brust des Verstorbenen die Stelle, an der sich Ba und Leichnam vereinigen sollen[83].

Diese Darstellung scheint wenigstens vom Neuen Reich an bekannt gewesen zu sein, und zwar in dem Moment, als die ersten Darstellungen des Ba mit Menschenkopf aufkamen[84]. Genauer gesagt findet sich das Motiv des menschenköpfigen Ba auf der Brust des Verstorbenen auf einer bedeutenden Anzahl von Uschebtis aus der Zeit von Amenophis III. bis Ramses II. Dort ist der Verstorbene zu erkennen, wie er den auf seiner Brust sitzenden Ba umarmt, während dieser dabei immer den Körper der Statuette mit seinen Flügeln umschließt – auf diese Art wird die physische Vereinigung von Leichnam und Körper ausgedrückt[85].

Die dritte Phrase, die mit dem Verb *ḥtm*[86] gebildet ist, ist nur auf einer kleinen Anzahl von Manuskripten mit dem *jnj-bꜣ*-Spruch belegt. Dieser Umstand beruht vielleicht auf der sehr großen phonetischen Nähe von *ḥtm* zu einem Verb mit gleichartiger Orthographie, das aber durch den „schlechten Vogel" determiniert ist und die Bedeutung „zerstören, vernichten"[87] hat. Es wird erbeten, den Körper mit seinem Ba „zu versehen": Indem Ba und Körper vereint sind, ist der Verstorbene wieder vollständig.

Dieser Paragraph beschreibt also den Weg des Ba in seiner Wiedervereinigung mit dem Leichnam, damit er wiederbelebt wird: Der Ba erreicht den Körper, umfasst ihn und tritt auf diese Weise wieder in die fleischliche Hülle des Verstorbenen ein, der durch diese Vereinigung seine Unversehrtheit wieder erlangt.

82 *Wb* III, 468, 14–469, 18.

83 ASSMANN, *Tod und Jenseits*, 117.

84 Vgl. Kapitel 5, Fußnote 15.

85 Siehe beispielsweise Uschebti London BM EA 65206 (TAYLOR, *Ancient Egyptian Book of the Dead*, 25, Nr. 2). Einige Beispiele dieses Statuettentyps sind neben anderen erfasst bei SCHNEIDER, *Shabtis*; AUBERT / AUBERT, *Statuettes* sowie BOVOT, *Chaouabtis*. An dieser Stelle sei J.-L. Chappaz, Kurator der ägyptischen und nubischen Sammlungen des Musée d'Art et d'Histoire in Genf, der freundlicherweise eine Liste mit Belegen, die diesem Motivtyp entsprechen, zur Verfügung gestellt hat, herzlich gedankt.

86 *Wb* III, 196, 9–197, 9.

87 *Wb* III, 197, 10–198, 2.

Der letzte Abschnitt des Paragraphen gibt eine allerletzte Bitte wieder, die sich an ein geheimnisvolles Götterkollegium richtet, dessen Herkunftsort das Haus des Benben in Heliopolis ist, die übliche Bezeichnung des heliopolitanischen Sonnenheiligtums[88]. Auf den Sarkophagen[89] zeigt diese Passage eine Variante: Anstelle von „Haus des Benben" steht „Haus des Phönix". Anscheinend ist dies nicht besonders bedeutsam und stellt vermutlich einfach nur eine graphische Variante dar. Zumindest scheint es, dass in der Spätzeit ein Begriff für den anderen verwendet werden kann oder dieselbe Wirklichkeit abdeckt[90]. Nach Assmann[91] steht der Verstorbene hier mit Heliopolis in Bezug, um die Opfer(gaben) in der Gestalt seines Ba zu erhalten wie die anderen Bas der Sonnengötter.

Außerdem ist an das Vorhandensein eines Grabes des Sonnengottes beziehungsweise genauer einer verstorbenen Form des Letzteren zu erinnern[92]. In der Gestalt des Ba kann der Verstorbene sein Schicksal und seine Wiedergeburt mit dem beziehungsweise der des Sonnengottes verknüpfen. Diese Assoziation des Verstorbenen mit dem Sonnengott geschieht ebenfalls durch die folgende Phrase, in der der Verstorbene bekräftigt, dass seine beiden Herzen erneut in seinem Besitz sind, indem er sie in Zusammenhang mit denen des Chepri und des Re bringt.

Der letzte Abschnitt (12.-15.) beinhaltet die „Reklame" des Spruches, mit anderen Worten den Schlussteil des Textes. Nach der erfolgten Vereinigung des Ba mit dem Körper und dem Herz ist der Verstorbene wieder im Besitz seines Herzens. Die Assoziation des *jb* mit Re und des *ḥ3tj* mit Chepri ist nicht geläufig, auch wenn die Herzskarabäen mit diesen beiden Gottheiten assoziiert sind und alle beide im Zusammenhang mit der Wiedergeburt der Sonne stehen. Allerdings lassen sich einige Beispiele nennen, in denen Re angerufen ist, um das *jb*-Herz dem König zu geben, jedoch ohne eine Parallele mit Chepri[93].

Man kann sich im Fall einer Assoziation *ḥ3tj* – Chepri fragen, ob es sich nicht um ein Wortspiel handelt, denn das *ḥ3tj*-Herz steht oft in Bezug zu den Manifestationen (*ḫpr.w*) des Verstorbenen beispielsweise in Tb 30B des Totenbuches.

---

88 *LGG* IV, 532a. Möglicherweise lassen sich diese Gottheiten zu den mit Totenopfern betrauten Herren von Heliopolis parallel setzen, siehe *LGG* III, 803c–804b, und ASSMANN, *Tod und Jenseits*, 153–154.

89 Nicht alle Sarkophage weisen diese Variante auf: Es handelt sich um S. Brüssel E5282, S. Kairo CGC 29304, S. Kairo J.E. 4739, S. Kairo J.E. 8390, S. Kairo *P3-snḏm-jb-nḫ.t*, S. Leiden L.3, S. Paris Louvre D11 und S. Wien ÄS 4. Hier wird der Name des Heiligtums grundsätzlich mit dem Benu-Vogel geschrieben, was keinen Platz für Zweifel lässt. Die anderen Sarkophage zeigen die übliche Lesung *ḥw.t-bnbn*. Bei den Papyri mit den Verklärungstexten ist dieser Textteil bei drei Exemplaren lückenhaft, die beiden anderen verwenden die Lesung *ḥw.t-bnbn*. Angesichts der geringen Variationen der fünf Texte untereinander dürften die anderen drei wohl auch *ḥw.t-bnbn* aufgewiesen haben.

90 Zwar wurden diese beiden Orte ursprünglich einmal voneinander unterschieden und haben einen jeweils eigenständigen Ort im Tempelbezirk von Heliopolis dargestellt, doch für die Spätzeit gilt, dass die Ortsbezeichung für die andere verwendet worden ist. L. Kákosy verweist in seinem Artikel „Heliopolis" im Lexikon der Ägyptologie (in: *LÄ* II, 1111–1112) darauf, dass beide Begriffe sehr oft durcheinandergebracht wurden. Das Wortspiel mit beiden Ausdrücken ist wenigstens seit den Pyramidentexten (PT 600 §1652) bekannt. Auch wenn feststeht, dass es einen Tempel des Phönix in Heliopolis gegeben hat, ist dennoch der Umstand nicht zu vernachlässigen, dass mehrere andere Städte ebenfalls ein derartiges Heiligtum besaßen, darunter auch Theben wenigstens seit der Dritten Zwischenzeit, vgl. LEAHY, in: *Fs Smith*, 185–192. Jedoch spricht die Erwähnung von Heliopolis in unserem Zusammenhang für eine Identifizierung mit dem dortigen *ḥw.t-bnbn*.

91 ASSMANN, *Tod und Jenseits*, 135.

92 Für die Bibliographie zu diesem Thema siehe zuletzt RAUE, *Heliopolis*.

93 Siehe beispielsweise in der Sonnenlitanei, „Hei, Re, mögest du mir mein [*jb*]-Herz (wieder)geben, damit ich die Erde beschenke, dass ich die beiden Ufer durchwandle gleichwie Re", siehe HORNUNG, *Das Buch der Anbetung des Re im Westen* I, 79.

Es gibt mehrere Teilparallelen zu dieser Passage: So bekräftigt der Verstorbene in Tb 26 „mein *jb*-Herz gehört mir (var. im Haus der *jb*-Herzen), mein *ḥ3tj*-Herz gehört mir (var. im Haus der *ḥ3tj*-Herzen)". Eine Parallele zu dieser Art der Formulierung begegnet außerdem im Abschlussspruch des Mundöffnungsrituals, wo der Rezitant bekräftigt „dein *jb*-Herz gehört dir im Haus der *jb*-Herzen. Dein *ḥ3tj*-Herz gehört dir im Haus der *ḥ3tj*-Herzen"[94].

Ging es im ersten Teil des Textes um die Vereinigung von Ba, *jb*-Herz und Leichnam, so unterscheidet der Text an dieser Stelle deutlich die beiden „Herzen". Mehrere Untersuchungen haben sich mit dieser Thematik beschäftigt und den Versuch unternommen, die Bedeutung und die Dualität dieser beiden Begriffe zu unterscheiden und eindeutig zu verstehen. Die Wörter *jb* und *ḥ3tj* sind äußerst häufig in den Texten parallel gesetzt und kommen immer in derselben Abfolge wie in unserem Text und im ganzen Totenbuch vor. In diesem Korpus eine genaue Übersetzung beider Begriffe[95] vorzuschlagen, scheint unmöglich, da die Hypothese einer Unterscheidung als „spirituelles Herz" und „physisches Herz" nicht stimmt. Fest steht, dass durch diese Beschreibung, die am Ende des Prozesses der Wiedervereinigung des Ba mit dem Körper einsetzt, die Wiedergeburt des Verstorbenen bestätigt wird. Die Assoziation Re – *jb* und Chepri – *ḥ3tj* stellt diese Wiedergeburt in Zusammenhang mit der Wiedergeburt der Sonne.

Bemerkenswert ist außerdem, am Ende der drei Sätze (10.-12.) den Namen der drei Gottheiten zu entdecken, die die drei Phasen der Sonne beschreiben: Atum, Re und Chepri. Angesichts der Textstruktur, die im Wesentlichen auf einer Dreier-Form beruht, kann das Vorkommen dieser drei Gottheiten am Ende des Satzgefüges nicht zufällig sein: Es verstärkt die enge Verbindung, die der Verstorbene mit dem Sonnenzyklus zu unterhalten wünscht.

Darüber hinaus lässt sich eine besondere Konstruktion feststellen, die an die Anfangsanrufung an drei Wesen und den vorangehenden Abschnitt erinnert. Sie inszeniert ebenfalls drei Personenkomponenten, drei Verben und drei Phrasen.

Der letzte Abschnitt, die Reinheitsformel, umfasst ebenso viele Varianten wie es Papyri gibt. Allerdings muss man diese Bemerkung dadurch einschränken, dass die Unterschiede auf Details beruhen. Fast alle Papyri beinhalten dieselben Elemente in einer gleichartigen Anordnung. Die größte Variante betrifft den wechselnden Gebrauch von *ḏ.t* anstelle von *ẖ3.t*, sogar beide Wörter werden verwendet. Diese zwei Begriffe decken nicht exakt dieselbe Wirklichkeit ab: Der erste bezieht sich eher auf den lebenden oder toten Körper, während der zweite ausdrücklich in Zusammenhang mit dem unbeweglichen Leichnam steht, mit dem sich der Ba üblicherweise vereinigen muss, um die Wiederbelebung des Verstorbenen zu ermöglichen. Auf diese Art sind fünf bis sechs Komponenten, aus denen der Verstorbene besteht, in der Form einer Litanei angerufen: Zu Ba, Herz, *ḏ.t*-Körper oder/und *ẖ3.t*-Leichnam sowie Schatten kommen noch Ka und Mumie hinzu, die so die „physische Sphäre" sowie die „soziale Sphäre" des Verstorbenen wiederherstellen[96].

---

94 OTTO, *Das ägyptische Mundöffnungsritual*, 198, Szene 72B h; GOYON, *Rituels funéraires*, 177, der eine Entlehnung aus Tb 26 festgestellt hat.

95 In seiner Untersuchung zu den medizinischen Papyri schlägt Th. Bardinet vor, im *jb*-Herz die physische Manifestation der inneren Organe, wie die Lunge oder das Herz, zu sehen. Übertragen dient es als Ausdruck für das Innerste des Menschen, darunter teils das mütterliche Erbe. Das *ḥ3tj*-Herz gilt nur für das eigentliche Herzorgan und repräsentiert metaphorisch alles, was eine Person im Verlauf des Lebens an Bewusstsein und Individualität erlangt, BARDINET, *Les papyrus médicaux*, 68–80.

96 ASSMANN, *Tod und Jenseits*, 156–157.

6. Synopse

ABDUA 84023/1	ABDUA 84023/2	Berlin 3158/1	Berlin 3158/2	Berlin 3159	Berlin 3122	OIM 9787	BM EA 9915	BM EA 9923	BM EA 9925	BM EA 9963
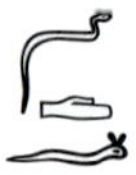	↕	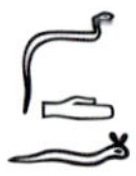			↕				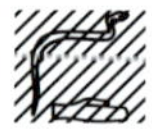	

BM EA 10218	BM EA 10751	BM EA 73670	Amherst 23/1	Amherst 23/2	Amherst 23/3	Amherst 23/4	Louvre N3093	Louvre N3108	Pavia 3	Vatikan 38596

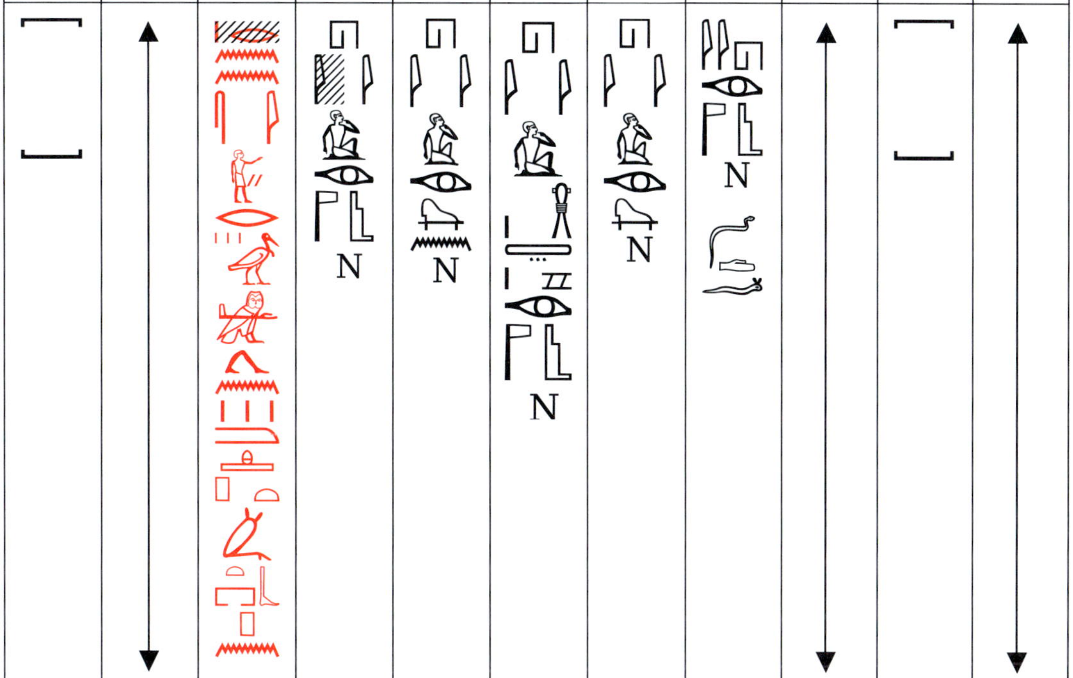

ABDUA 84023/1	ABDUA 84023/2	Berlin 3158/1	Berlin 3158/2	Berlin 3159	Berlin 3122	OIM 9787	BM EA 9915	BM EA 9923	BM EA 9925	BM EA 9963

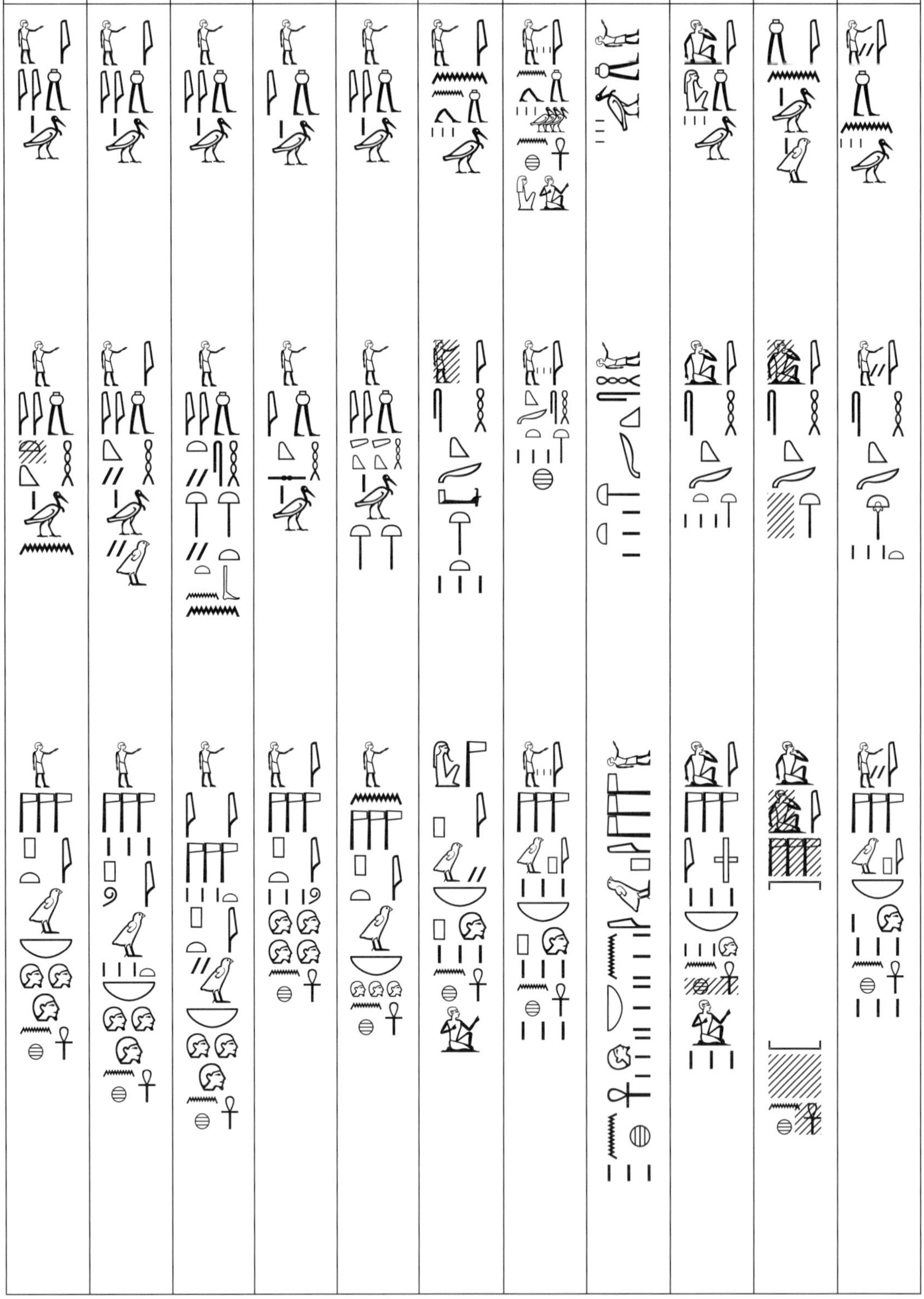

BM EA 10218	BM EA 10751	BM EA 73670	Amherst 23/1	Amherst 23/2	Amherst 23/3	Amherst 23/4	Louvre N3093	Louvre N3108	Pavia 3	Vatikan 38596

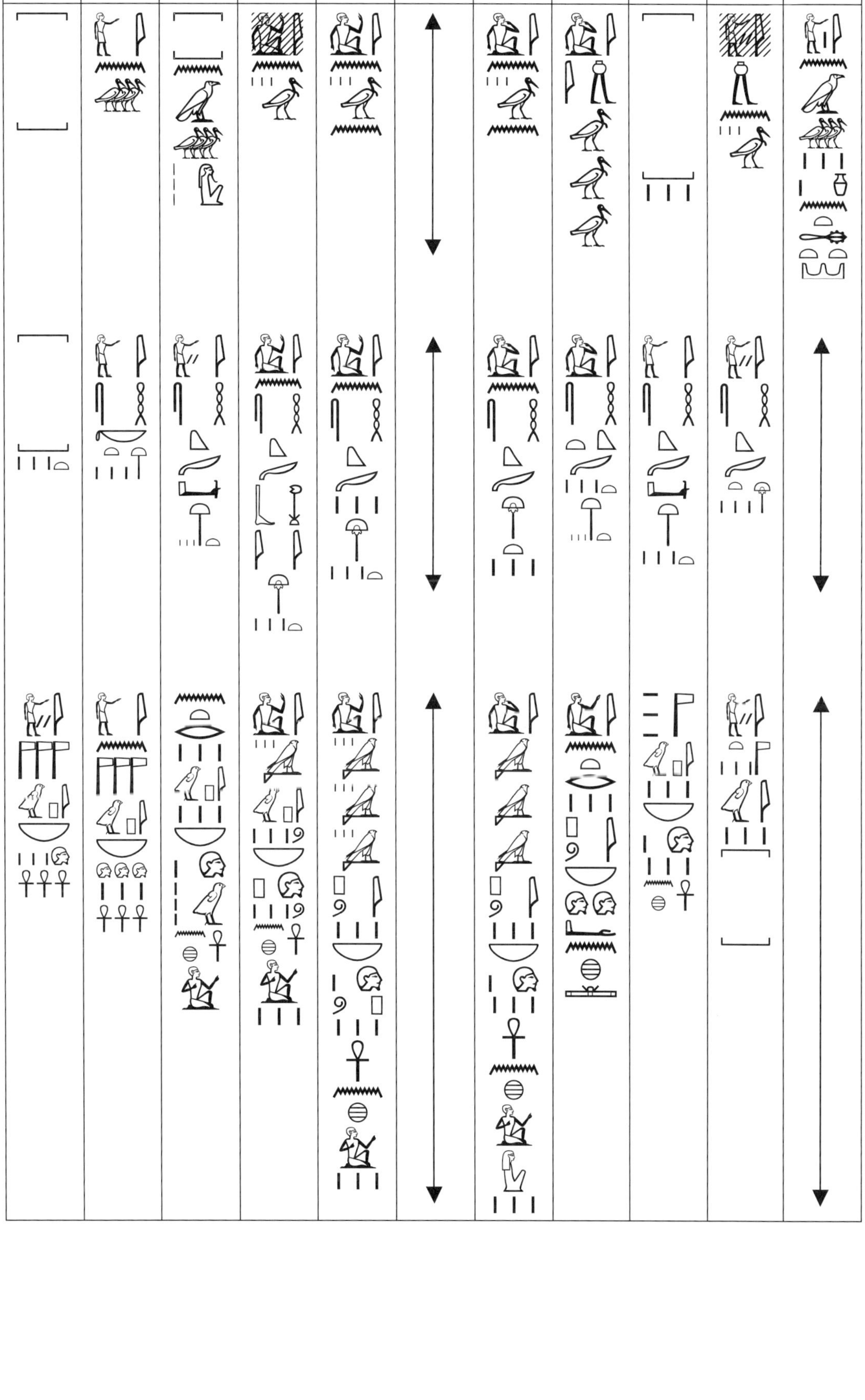

ABDUA 84023/1	ABDUA 84023/2	Berlin 3158/1	Berlin 3158/2	Berlin 3159	Berlin 3122	OIM 9787	BM EA 9915	BM EA 9923	BM EA 9925	BM EA 9963

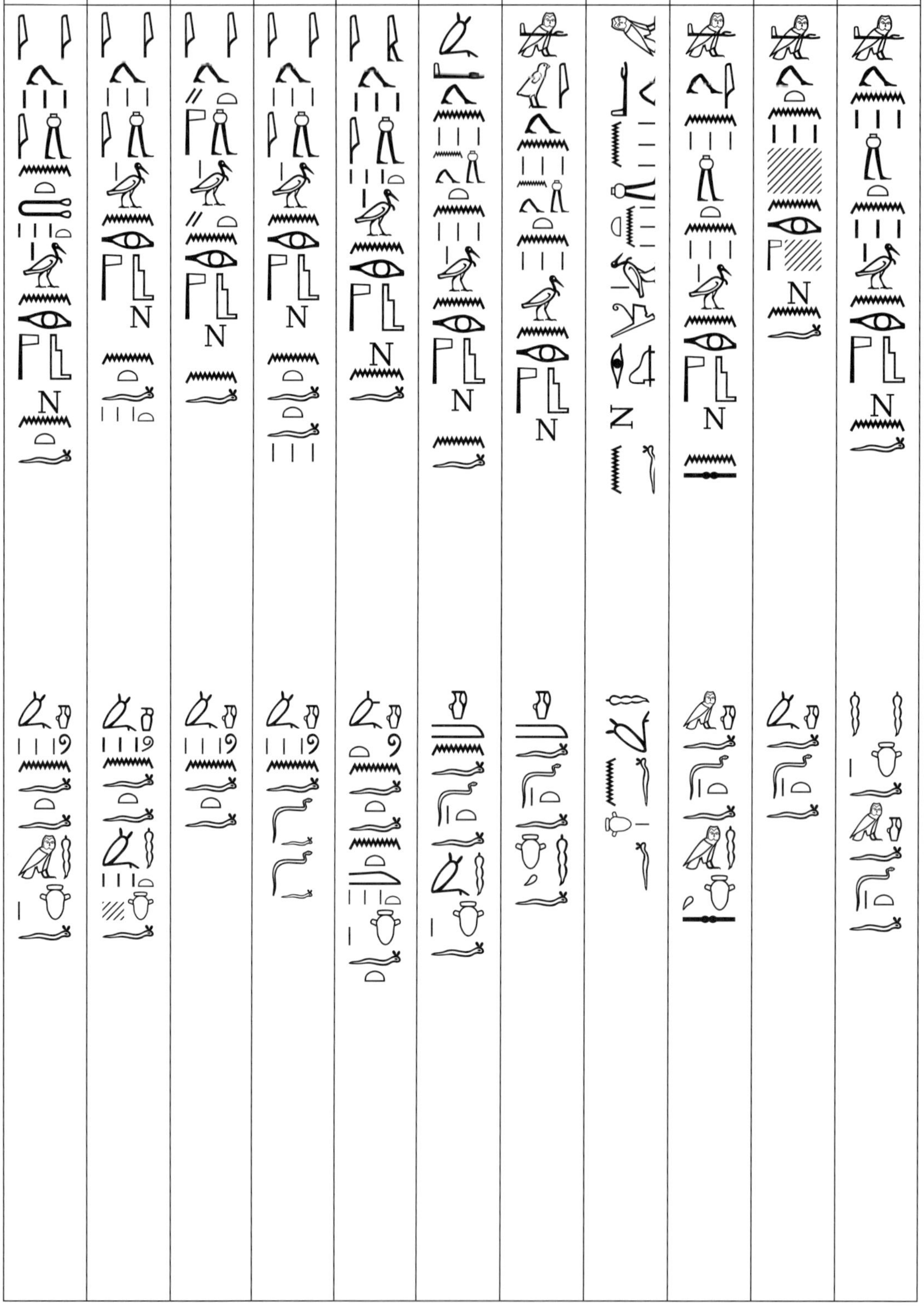

BM EA 10218	BM EA 10751	BM EA 73670	Amherst 23/1	Amherst 23/2	Amherst 23/3	Amherst 23/4	Louvre N3093	Louvre N3108	Pavia 3	Vatikan 38596

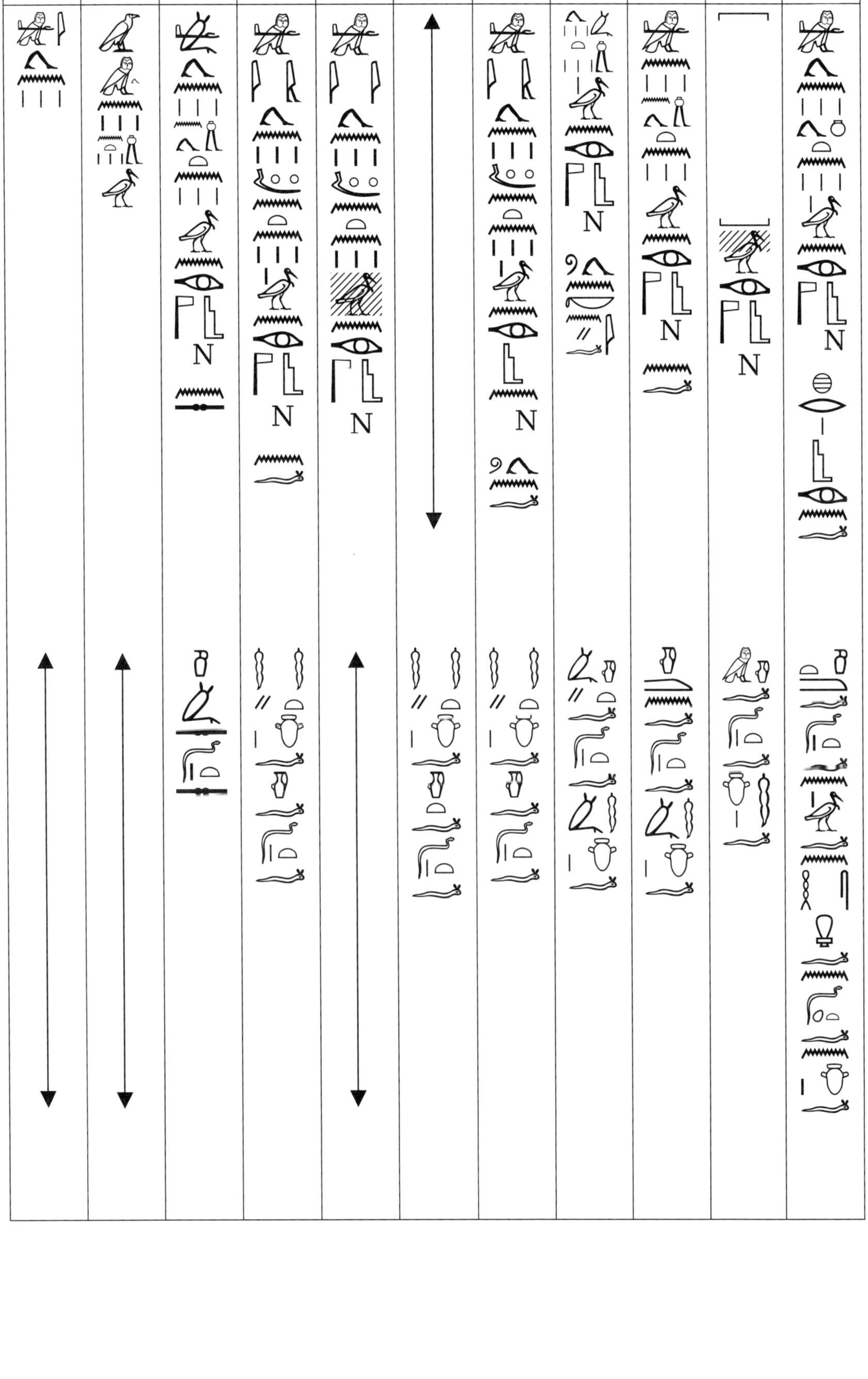

ABDUA 84023/1	ABDUA 84023/2	Berlin 3158/1	Berlin 3158/2	Berlin 3159	Berlin 3122	OIM 9787	BM EA 9915	BM EA 9923	BM EA 9925	BM EA 9963

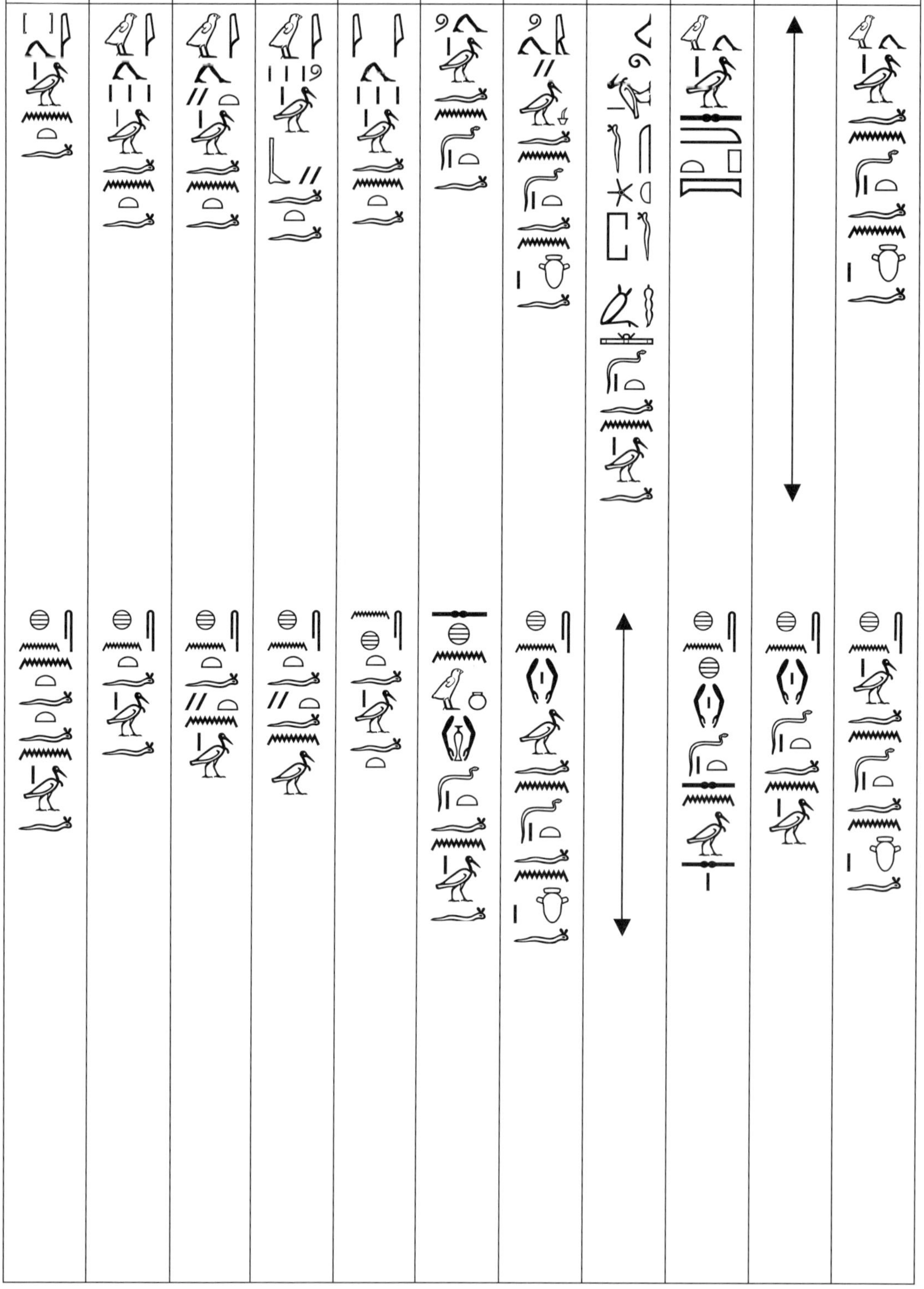

BM EA 10218	BM EA 10751	BM EA 73670	Amherst 23/1	Amherst 23/2	Amherst 23/3	Amherst 23/4	Louvre N3093	Louvre N3108	Pavia 3	Vatikan 38596

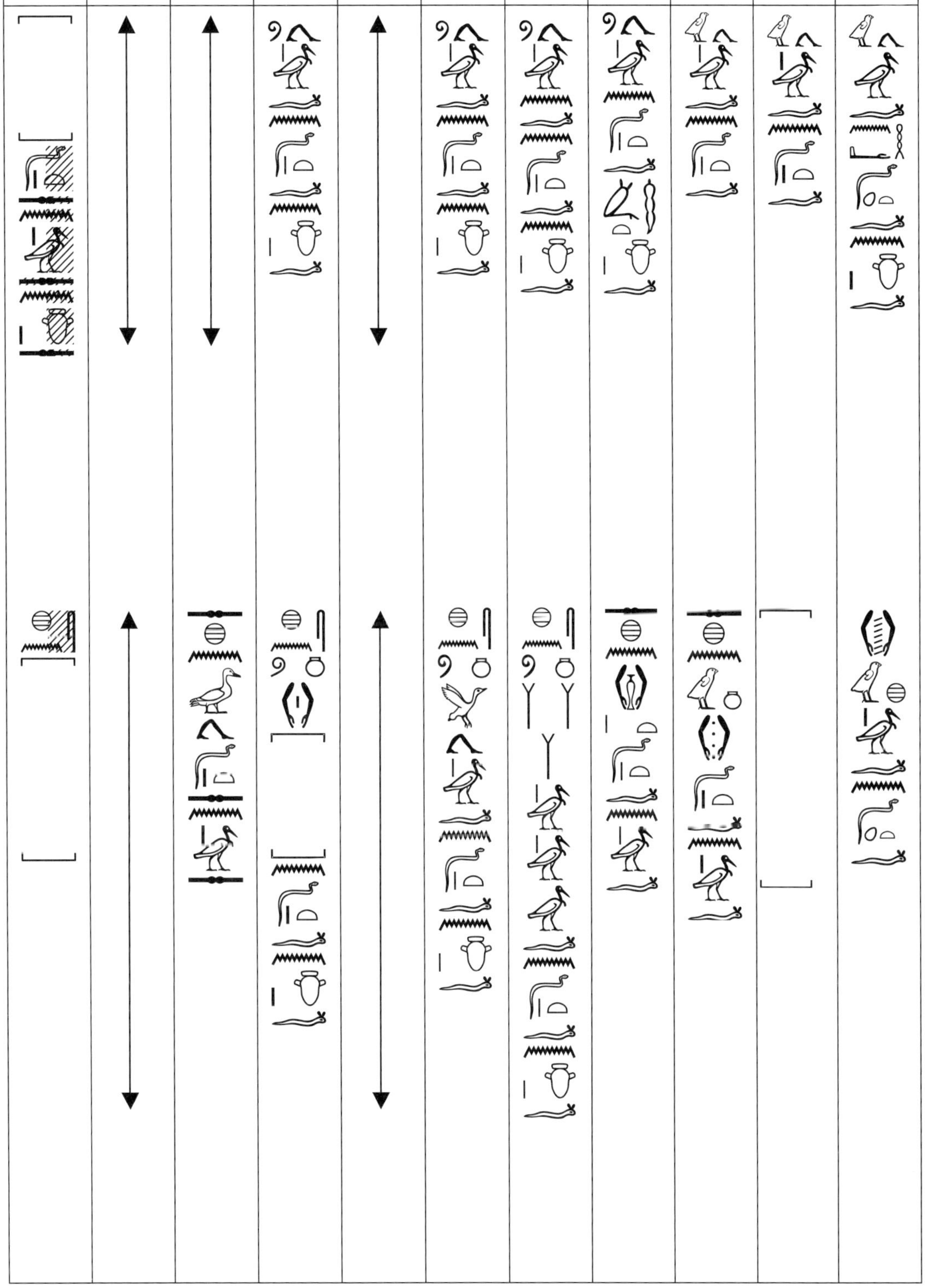

ABDUA 84023/1	ABDUA 84023/2	Berlin 3158/1	Berlin 3158/2	Berlin 3159	Berlin 3122	OIM 9787	BM EA 9915	BM EA 9923	BM EA 9925	BM EA 9963

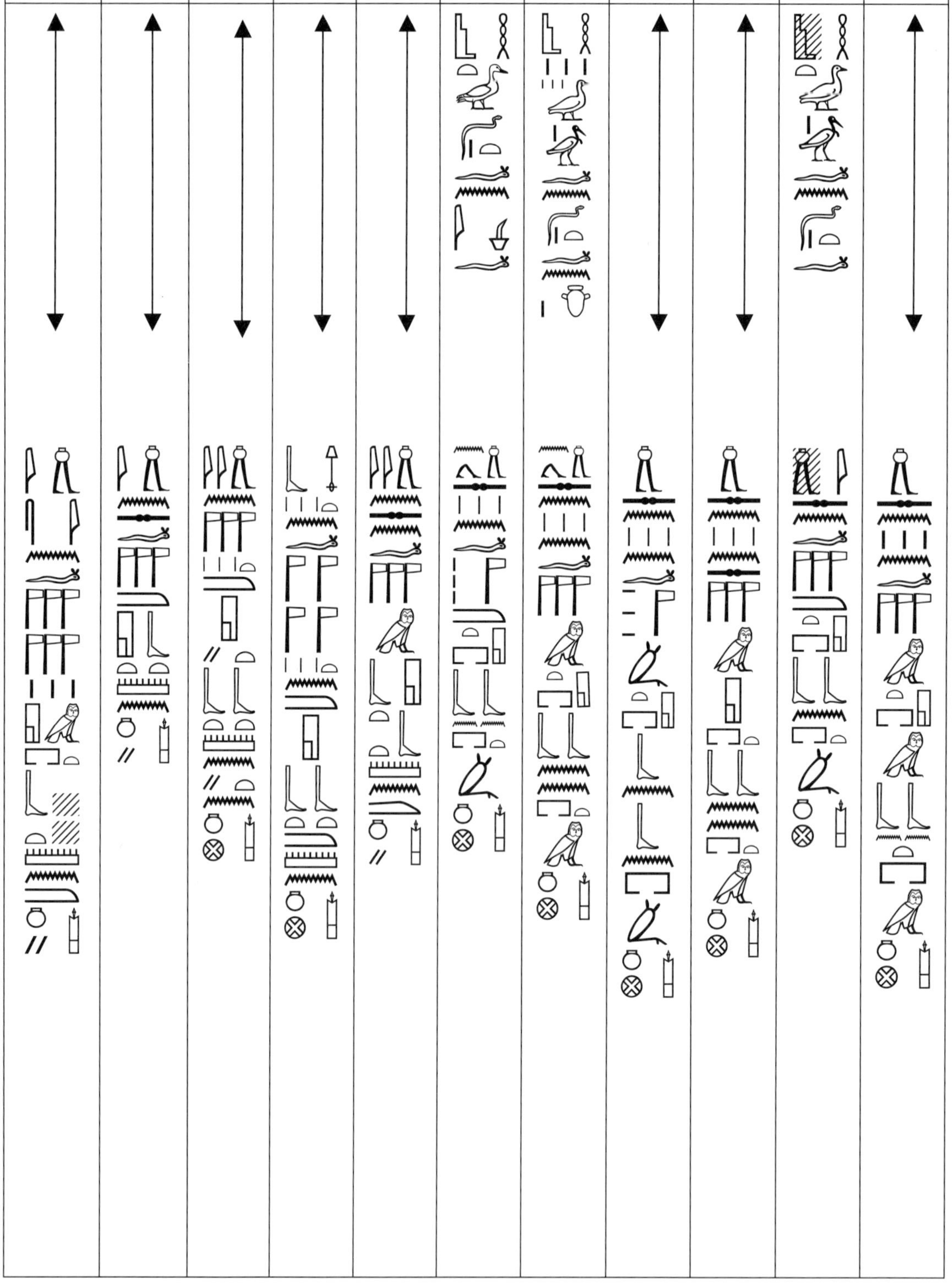

BM EA 10218	BM EA 10751	BM EA 73670	Amherst 23/1	Amherst 23/2	Amherst 23/3	Amherst 23/4	Louvre N3093	Louvre N3108	Pavia 3	Vatikan 38596

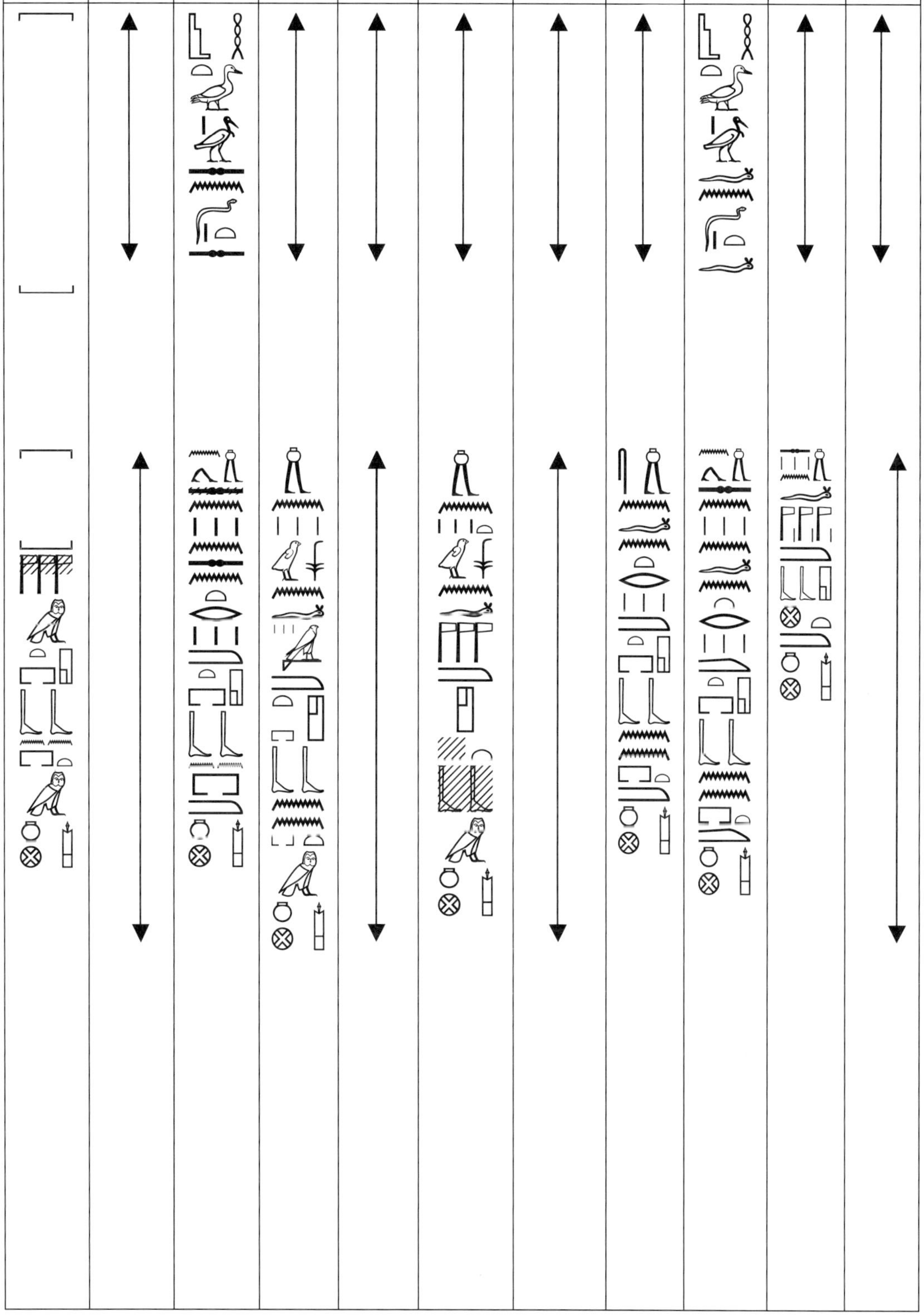

ABDUA 84023/1	ABDUA 84023/2	Berlin 3158/1	Berlin 3158/2	Berlin 3159	Berlin 3122	OIM 9787	BM EA 9915	BM EA 9923	BM EA 9925	BM EA 9963

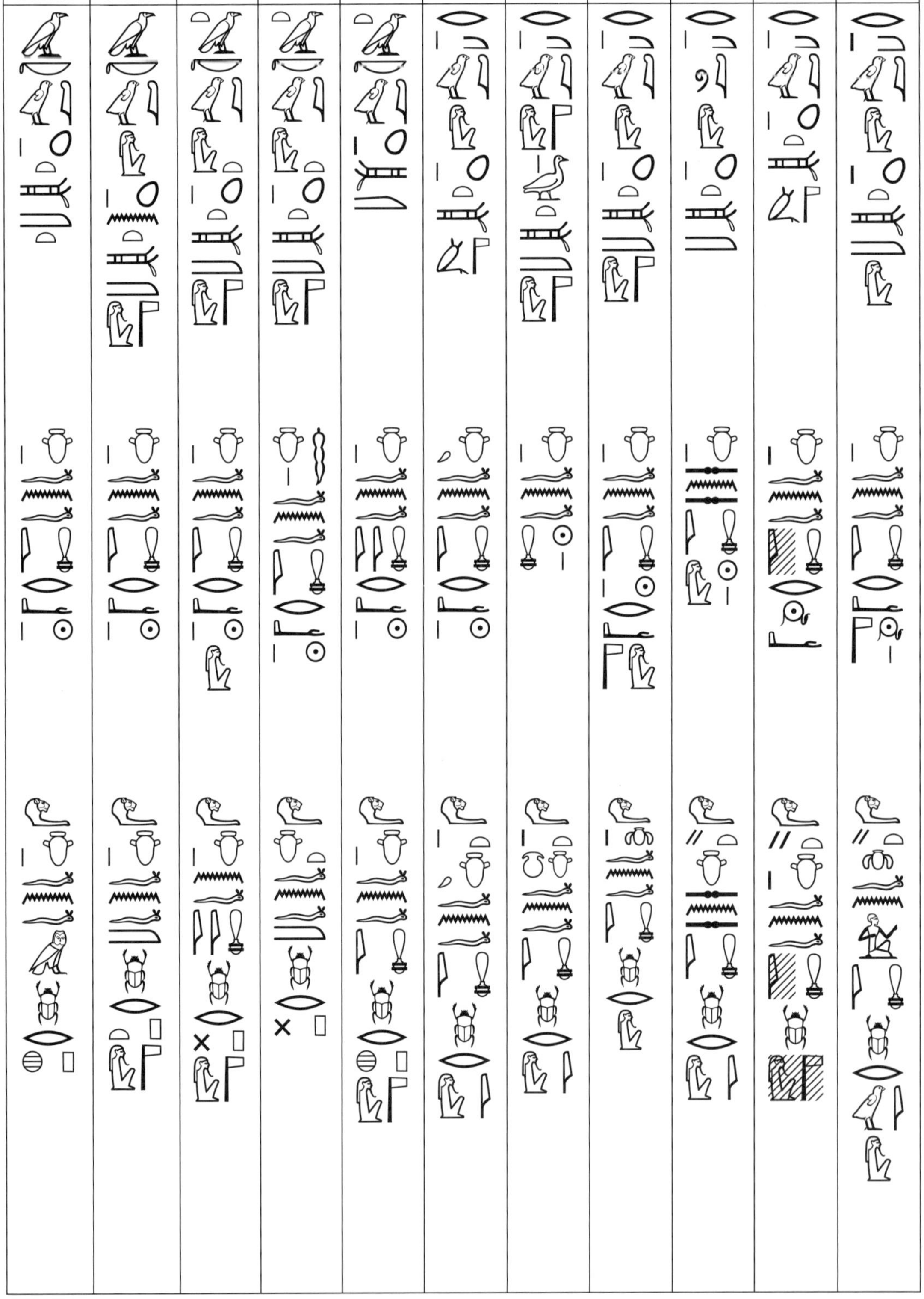

BM EA 10218	BM EA 10751	BM EA 73670	Amherst 23/1	Amherst 23/2	Amherst 23/3	Amherst 23/4	Louvre N3093	Louvre N3108	Pavia 3	Vatikan 38596

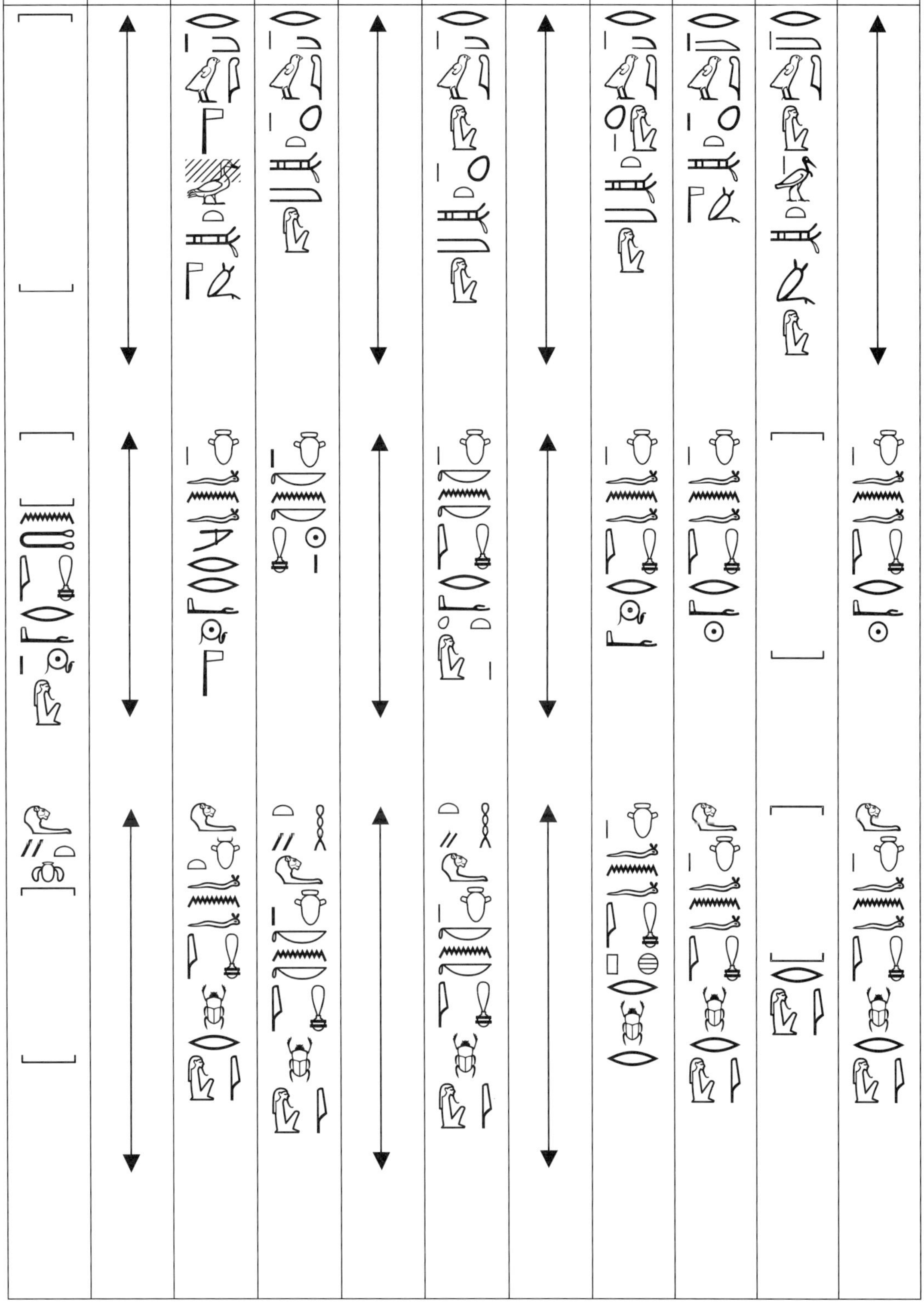

ABDUA 84023/1	ABDUA 84023/2	Berlin 3158/1	Berlin 3158/2	Berlin 3159	Berlin 3122	OIM 9787	BM EA 9915	BM EA 9923	BM EA 9925	BM EA 9963

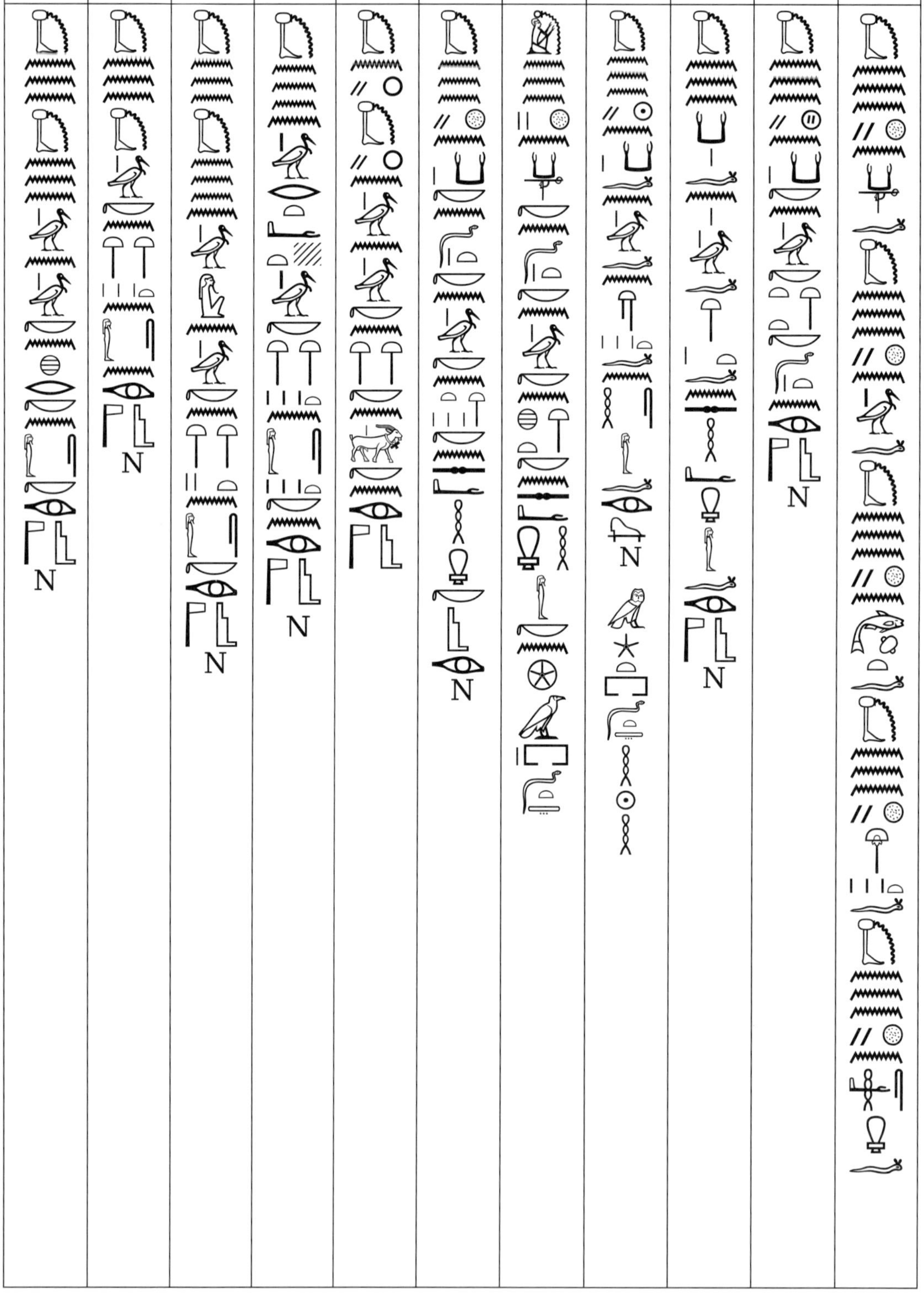

BM EA 10218	BM EA 10751	BM EA 73670	Amherst 23/1	Amherst 23/2	Amherst 23/3	Amherst 23/4	Louvre N3093	Louvre N3108	Pavia 3	Vatikan 38596

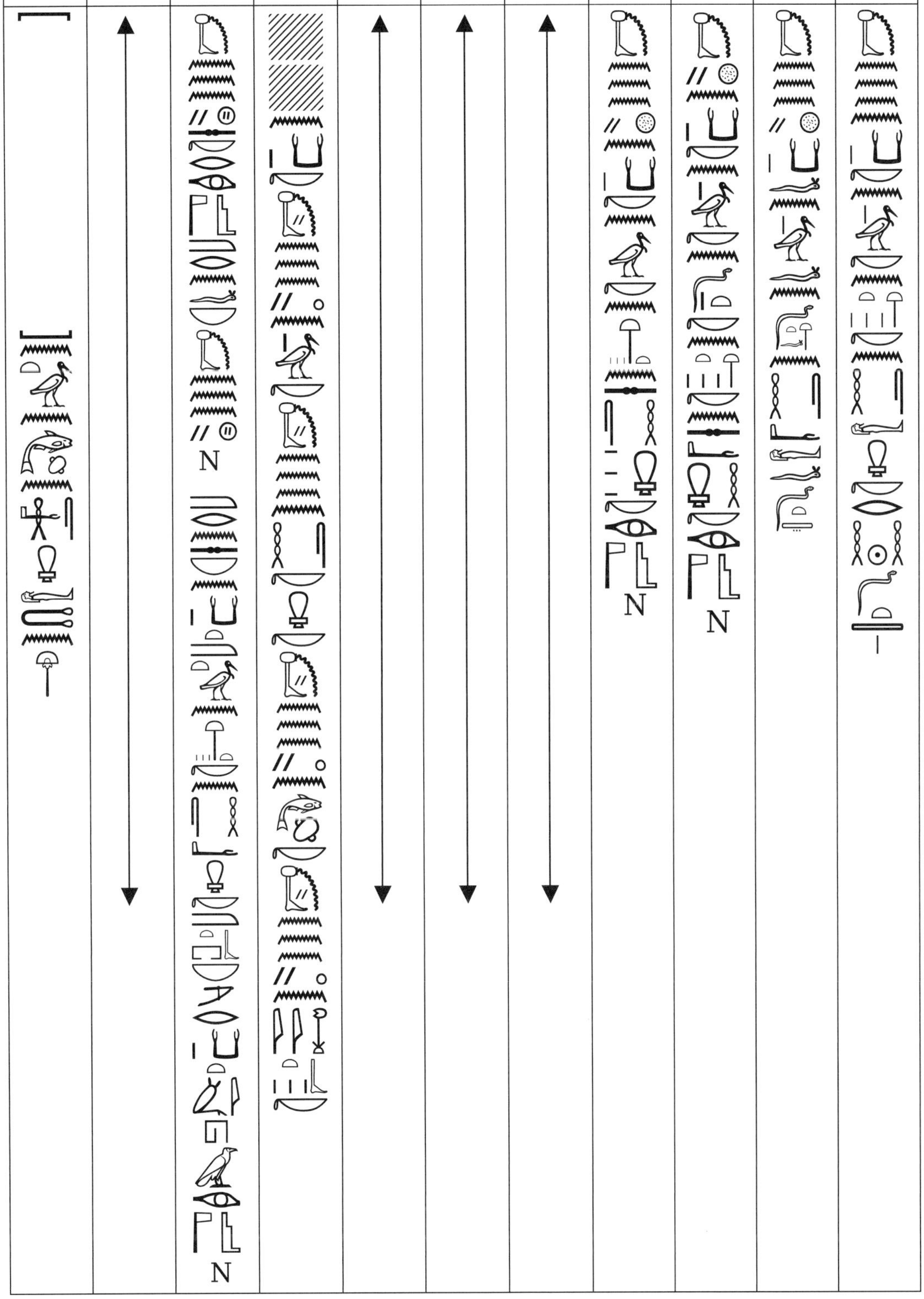

ABDUA 84023/1	ABDUA 84023/2	Berlin 3158/1	Berlin 3158/2	Berlin 3159	Berlin 3122	OIM 9787	BM EA 9915	BM EA 9923	BM EA 9925	BM EA 9963

BM EA 10218	BM EA 10751	BM EA 73670	Amherst 23/1	Amherst 23/2	Amherst 23/3	Amherst 23/4	Louvre N3093	Louvre N3108	Pavia 3	Vatikan 38596
					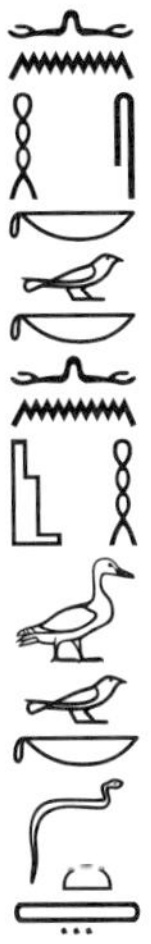					

7. Index

Gräber

Papyri

Sarkophage

Statuen

Stelen

Andere Objekte

Texte

Totenbuchsprüche und Vignetten

CT

Ortsnamen

Götternamen

Personennamen

8. Literaturverzeichnis

Die bibliographischen Abkürzungen in den ausführlichen Angaben folgen der aktuellen Liste des IFAO, siehe B. MATHIEU, *Abbréviations des périodiques et collections en usage à l'Institut français d'archéologie orientale*, Kairo[5] 2010.

ALBERT, „Quelques observations sur les titulatures"	FL. ALBERT, „Quelques observations sur les titulatures attestées dans les Livres des Morts conservés sur papyrus, bandelettes de momie et étoffes de lin", in: R. LUCARELLI / M. MÜLLER-ROTH / A. WÜTHRICH (Hgg.), *Herausgehen am Tage. Gesammelte Schriften zum altägyptischen Totenbuch*, SAT 17, Wiesbaden 2012, 1–67.
ALBERT, *Le Livre des Morts d'Aset-Ouret*	FL. ALBERT, *Le Livre des Morts d'Aset-Ouret au Museo Gregoriano Egizi (papyrus Vatican 38603)*, Vatikanstadt 2012.
ALLEN, in: *JNES* 11 (1952)	T. G. ALLEN, „Additions to the Egyptian Book of the Dead", in: *JNES* 11 (1952), 177–186.
ALLEN, *The Egyptian Book of the Dead*	T. G. ALLEN, *The Egyptian Book of the Dead Documents in the Oriental Institute Museum at the University of Chicago*, OIP 82, Chicago 1960.
ASSMANN, in: *JEA* 65 (1979)	J. ASSMANN, „Harfnerlied und Horussöhne", in: *JEA* 65 (1979), 54–77.
ASSMANN, in: *Fs Lichtheim*	J. ASSMANN, „Egyptian Mortuary Liturgies", in: S. ISRAELIT-GROLL (Hg.), *Studies in Egyptology. Presented to Miriam Lichtheim* I, Jerusalem 1990, 1–45.
ASSMANN, *Images et rites de la mort*	J. ASSMANN, *Images et rites de la mort. L'apport des liturgies funéraires*, Paris 2000.
ASSMANN, *Tod und Jenseits*	J. ASSMANN, *Tod und Jenseits im Alten Ägypten*, München 2001.
ASSMANN, *Totenliturgien* III	J. ASSMANN, *Altägyptische Totenliturgien* III. *Osirisliturgien in Papyri der Spätzeit*, Supplemente zu den Schriften der Heidelberger Akademie der Wissenschaften, Philosophisch-historische Klasse, 20, Heidelberg 2008.
AUBERT / AUBERT, *Statuettes*	J. AUBERT / L. AUBERT, *Statuettes égyptiennes, chaouabtis, oushebti*s, Paris 1974.
BACKES, *Drei Totenpapyri*	B. BACKES, *Drei Totenpapyri aus einer thebanischen Werkstatt der Spätzeit*, HAT 11, Wiesbaden 2009.
BAKRY, in: *ASAE* 60 (1968)	H. S. K. BAKRY, „A Ptolemaic Stela from Lower Nubia", in: *ASAE* 60 (1968), 27–35.

BARDINET, *Les papyrus médicaux*	TH. BARDINET, *Les papyrus médicaux de l'Egypte pharaonique*, Paris 1995.
BARGUET, *Le Livre des Morts*	P. BARGUET, *Le Livre des Morts des anciens Egyptiens*, LAPO 1, Paris 1979.
BEINLICH, *Das Buch vom Ba*	H. BEINLICH, *Das Buch vom Ba*, SAT 4, Wiesbaden 2000.
BELL, in: *MDAIK* 37 (1981)	L. BELL, „Dra Abu el-Naga: The Monuments of the Ramesside High Priests of Amun and Some Related Officials", in: *MDAIK* 37 (1981), 51–62.
VON BERGMANN, in: *RT* 6 (1885)	E. VON BERGMANN, „Der Sarkophag des Neschuttafnut", in: *RT* 6 (1885), 131–165.
VON BERGMANN, *Der Sarkophag des Panehemisis*	E. VON BERGMANN, *Der Sarkophag des Panehemisis*, Wien 1883–1884.
BILLING, *Nut*	N. BILLING, *Nut – The Goddess of Life in Text and Iconography*, USE 5, Uppsala 2002.
BIRCH, in: *ZÄS* 8 (1870)	S. BIRCH, „On Formulas Relating to the Heart", in: *ZÄS* 8 (1870), 30–34.
BIRCH, *Catalogue*	S. BIRCH, *Catalogue of the Collection of Egyptian Antiquities at Alnwick Castle*, London 1880.
BOESER, *Beschreibung der ägyptischen Sammlung in Leiden*	P. BOESER, *Beschreibung der ägyptischen Sammlung des Niederländischen Reichsmuseum der Altertümer in Leiden*, Den Haag 1915.
BORGHOUTS, *Ancient Egyptian Magical Texts*	J. BORGHOUTS, *Ancient Egyptian Magical Texts*, Leiden 1978.
BOURIANT, in: *RT* 9 (1887)	U. BOURIANT, „Petits Monuments et petits textes recueillis en Egypte", in: *RT* 9 (1887), 81–100.
BOVOT, *Chaouabtis*	J.-L. BOVOT, *Chaouabtis. Des travailleurs pharaoniques pour l'éternité*, Paris 2003.
BUHL, *The Late Egyptian Anthropoid Stone Sarcophagi*	M.-L. BUHL, *The Late Egyptian Anthropoid Stone Sarcophagi*, Nationalmuseets Skrifter. Arkeologisk-Historisk Raekke VI, Kopenhagen 1959.
BUDGE, *Some Account of the Collection Lady Meux of Theobald's Park*	E. A. W. BUDGE, *Some Account of the Collection of Egyptian Antiquities in the Possession of Lady Meux of Theobald's Park, Waltham Cross*, London^2 1896, 42–72.

BURKARD, „Spätzeitliche Osirisliturgien“	G. BURKARD, „Spätzeitliche Osirisliturgien“, in: M. GÖRG / G. HÖLBL (Hgg.), *Ägypten und der östliche Mittelmeerraum im 1. Jahrtausend v. Chr., Akten des Interdisziplinären Symposions am Institut für Ägyptologie der Universität München 25.–27.10.1996*, ÄAT 44, Wiesbaden 2000, 1–21.
DE CENIVAL, *Le livre pour sortir au jour*	J.-L. DE CENIVAL, *Le Livre pour sortir au jour*, Le Bouscat 1992.
CHERPION / CORTEGGIANI / GOUT, *Pétosiris*	N. CHERPION / J.-P. CORTEGGIANI / J.-FR. GOUT, *Le tombeau de Pétosiris à Touna el-Gebel*, BiGén 27, Kairo 2007.
COENEN, in: *JEA* 86 (2000)	M. COENEN, „The Funerary Papyri of the Bodleian Library at Oxford“, in: *JEA* 86 (2000), 81–98.
DARESSY, in: *ASAE* 3 (1902)	G. DARESSY, „Tombeau ptolémaïque à Atfieh“, in: *ASAE* 3 (1902), 160–180.
DARESSY, in: *ASAE* 17 (1917)	G. DARESSY, „Fragments de deux cercueils de Saqqarah“, in: *ASAE* 17 (1917), 1–20.
DAUMAS, *Valeurs phonétiques*	FR. DAUMAS, *Valeurs phonétiques des signes hiéroglyphiques d'époque gréco-romaine*, Montpellier 1988–1995.
DEVÉRIA, *Catalogue des manuscrits égyptiens*	TH. DEVÉRIA, *Catalogue des manuscrits égyptiens écrits sur papyrus, toile, tablettes et ostraca en caractères hiéroglyphiques, hiératiques, démotiques, grecs, coptes, arabes et latins qui sont conservés au Musée Égyptien du Louvre*, Paris 1872.
DN	E. LÜDDECKENS *et al.*, *Demotisches Namenbuch*, Wiesbaden 1980–2000.
FAULKNER, in: *JEA* 23 (1937)	R. O. FAULKNER, „The Bremner-Rhind Papyrus III“, in: *JEA* 23 (1937), 166–185.
FECHT, *Wortakzent und Silbenstruktur*	G. FECHT, *Wortakzent und Silbenstruktur. Untersuchungen zur Geschichte der ägyptischen Sprache*, ÄF 21, Glückstadt 1960.
GAÁL, in: *Fs Kákosy*	E. GAÁL, „The Sarcophagus Lid of *P3-snḏm-jb-nḫt* in Cairo. A Preliminary Note“, in: U. LUFT (Hg.), *The Intellectual Heritage of Egypt. Studies Presented to Laszlo Kákosy by Friends and Colleagues on the Occasion of his 60th Birthday*, StudAeg 14, Budapest 1992, 187–195.
GARDINER / SETHE, *Egyptian Letters to the Dead*	A. GARDINER / K. SETHE, *Egyptian Letters to the Dead, Mainly from the Old and Middle Kingdoms*, London 1928.

GASSE, *Les papyrus hiératiques et hiéroglyphiques*	A. GASSE, *Les papyrus hiératiques et hiéroglyphiques du Museo Gregoriano Egizio*, Vatikanstadt 1993.
GAUTHIER, *Le personnel du dieu Min*	H. GAUTHIER, *Le personnel du dieu Min*, RAPH 3, Kairo 1931.
GEORGE, *Schatten*	B. GEORGE, *Zu den altägyptischen Vorstellungen vom Schatten als Seele*, Bonn 1970.
GOYON, in: *Fs Wessetzky*	J.-CL. GOYON, „La véritable attribution des soi-disant chapitres 191 et 192 du Livre des Morts“, in: L. KÁKOSY (Hg.), *Recueil d'études dédiées à Vilmos Wessetzky*, StudAeg 1, Budapest 1974, 11–127.
GOYON, in: *KÊMI* 19 (1969)	J.-CL. GOYON, „Textes mythologiques I, „le Livre de protéger la barque du dieu““, in: *KÊMI* 19 (1969), 23–64.
GOYON, in: *RdE* 20 (1968)	J.-CL. GOYON, „Le cérémonial pour faire sortir Sokaris, (Pap. Louvre I 3079, col. 112–114)“, in: *RdE* 20 (1968), 63–96.
GOYON, *Rituels funéraires*	J.-CL. GOYON, *Rituels funéraires de l'Egypte ancienne*, LAPO 4, Paris 1997.
GRAPOW, „Anhang“	H. GRAPOW, „Anhang. Die Inschrift auf dem Sarg des Petosiris“, in: H. STECKEWEH, *Die Fürstengräber von Qâw*, Veröffentlichungen der Ernst von Sieglin Expedition in Ägypten 6, Leipzig 1936, 59–62, Tf. 27.
GUERMEUR, in: *BIFAO* 104 (2004)	I. GUERMEUR, „Le groupe familial de Pachéryentaisouy“, in: *BIFAO* 104 (2004), 245–289.
HERBIN, *Le Livre de parcourir l'éternité*	FR.-R. HERBIN, *Le Livre de parcourir l'éternité*, OLA 58, Leuven 1994.
HODJASH / BERLEV, *The Egyptian Reliefs and Stelae*	S. HODJASH / O. BERLEV, *The Egyptian Reliefs and Stelae in the Pushkin Museum of Fine Arts, Moscow*, Leningrad 1982.
HORNUNG, *Das Amduat* II	E. HORNUNG, *Das Amduat* II, ÄA 7/2, Wiesbaden 1963.
HORNUNG, *Das Buch der Anbetung des Re im Westen* I	E. HORNUNG, *Das Buch der Anbetung des Re im Westen* I, AH 2, Basel / Genf 1976.
HORNUNG, *Totenbuch*	E. HORNUNG, *Das Totenbuch der Ägypter*, Zürich / München 1979.
HORNUNG, *Texte zum Amduat* I	E. HORNUNG, *Texte zum Amduat* I, AH 13, Genf 1987.

JANSEN-WINKELN, *Spätmittelägyptische Grammatik*	K. JANSEN-WINKELN, *Spätmittelägyptische Grammatik der Texte der Dritten Zwischenzeit*, ÄAT 34, Wiesbaden 1996.
JUNKER, *Stundenwachen*	H. JUNKER, *Die Stundenwachen in den Osirismysterien nach den Inschriften von Dendera, Edfu und Philae*, DWAW 54, Wien 1910.
KÁKOSY, in: *Fs te Velde*	L. KÁKOSY, „The Ptah-Shu-Tefnut Triad and the Gods of the Winds on a Ptolemaic Sarcophagus", in: J. VAN DIJK (Hg.), *Essays on Ancient Egypt in Honour of Herman te Velde*, Egyptological Memoirs 1, Groningen 1997, 219–229.
KÁKOSY, „Ägyptische Jenseitsvorstellungen"	L. KÁKOSY, „Ägyptische Jenseitsvorstellungen", in: PH. DERCHAIN (Hg.), *Religions en Egypte hellénistique et romaine*, Paris 1969, 65–68.
KÁKOSY, in: *LÄ* II, 1111–1112	L. KÁKOSY, „Heliopolis", in: *LÄ* II, Wiesbaden 1977, 1111–1112.
KAPLONY-HECKEL, *Ägyptische Handschriften* III	U. KAPLONY-HECKEL, *Ägyptische Handschriften* III, VOHD 19/3, Wiesbaden 1986.
KOCKELMANN, in: *ZÄS* 133 (2006)	H. KOCKELMANN, „Ein Fragment vom verschollenen Anfang des „Papyrus Ryerson": pNew York, Columbia University Library Inv. 784", in: *ZÄS* 133 (2006), 94–95.
KOCKELMANN, *Totenbuch-Handschriften auf Mumienbinden*	H. KOCKELMANN, *Untersuchungen zu den späten Totenbuch-Handschriften auf Mumienbinden*, SAT 12, Wiesbaden 2008.
KOENIG, *Magie et magiciens*	Y. KOENIG, *Magie et magiciens dans l'Egypte ancienne*, Paris 1994.
LEAHY, in: *Fs Smith*	A. LEAHY, „In the House of the Phoenix at Thebes (Cairo JE 36938)", in: A. LEAHY / J. TAIT (Hgg.), *Studies on Ancient Egypt in Honour of H. S. Smith*, EES Occasional Publications 13, London 1999, 185–192.
LEFEBVRE, *Petosiris*	G. LEFEBVRE, *Le tombeau de Petosiris*, Kairo 1923–1924.
LEITZ, *Der Sarg des Panehemisis*	CHR. LEITZ, *Der Sarg des Panehemisis in Wien. Mit einer detaillierten Bilddokumentation der Särge des Panehemisis und Horemhab auf DVD*, SSR 3, Wiesbaden 2011.
LEKOV, in: *JES* 3 (2011)	T. LEKOV, „The Shadow of the Dead and its Representation", in: *JES* 3 (2011), 43–61.

LUCARELLI, in: *JANER* 11 (2011) — R. LUCARELLI, „Demonology during the Late Pharaonic and Greco-Roman Periods in Egypt“, in: *JANER* 11 (2011), 109–125.

MASPERO, *Sarcophages* — G. MASPERO, *Sarcophages des époques persanes et ptolémaïques CGC 29301–29306*, Kairo 1914.

MASPERO / GAUTHIER, *Sarcophages* — G. MASPERO / H. GAUTHIER, *Sarcophages des époques persanes et ptolémaïques CGC 29307–29323*, Kairo 1939.

MEEKS, in: *RdE* 26 (1974) — D. MEEKS, „Notes de lexicographie (§1)“, in: *RdE* 26 (1974), 52–65.

DE MEULENAERE, *Ecritures* — H. DE MEULENAERE, *Ecritures de l'Egypte ancienne*, Brüssel 1992.

MILDE, *Vignettes* — H. MILDE, *The Vignettes in the Book of the Dead of Neferrenpet*, EU 7, Leiden 1991.

Mission égypto-française d'Atfih, in: *ENiM* 3 (2010) — Mission égypto-française d'Atfih (MEFA), „Atfih, la zone centrale de l'Hésateum (zone A). Travaux dans la nécropole des vaches sacrées (1)“, in: *ENiM* 3 (2010), 137–165.

MOSHER, in: *JARCE* 29 (1992) — M. MOSHER, „Theban and Memphite Book of the Dead Traditions in the Late Period“, in: *JARCE* 29 (1992), 143–172.

MOSHER, *The Papyrus of Hor* — M. MOSHER, *The Papyrus of Hor (BM EA 10479) with Papyrus MacGregor: the late period tradition of Akhmim*, Catalogue of Books of the Dead in the British Museum 2, London 2001.

MÜLLER-ROTH / WEBER, in: *GM* 226 (2010) — M. MÜLLER-ROTH / F. WEBER, „Neue Quellen des Grüftebuchs (Tb 168)“, in: *GM* 226 (2010), 63–75.

MUNRO, *Die Totenbuch-Handschriften* — I. MUNRO, *Die Totenbuch-Handschriften der 18. Dynastie im Ägyptischen Museum Cairo*, ÄA 54, Wiesbaden 1994.

MUNRO, *Pa-nedjem II* — I. MUNRO, *Der Totenbuch-Papyrus des Hohenpriesters Pa-nedjem II. (pLondon BM 10793 / pCampbell)*, HAT 3, Wiesbaden 1996.

NEWBERRY, *The Amherst Papyri* — P. NEWBERRY, *The Amherst Papyri: Being an Account of the Egyptian Papyri in the Collection of the Right Hon. Lord Amherst of Hackney*, London 1899.

OSING, *Hieratische Papyri aus Tebtunis* — J. OSING, *Hieratische Papyri aus Tebtunis*, CNI Publications 17, Kopenhagen 1998.

OTTO, *Das ägyptische Mundöffnungsritual*	E. OTTO, *Das ägyptische Mundöffnungsritual*, ÄA 3, Wiesbaden 1960.
PIANKOFF, *The Wandering of the Soul*	A. PIANKOFF, *The Wandering of the Soul*, BollSer.XL/6, New York 1972.
PIEHL, *Inscriptions* I	K. PIEHL, *Inscriptions hiéroglyphiques recueillies en Europe et en Egypte* I, Stockholm / Leipzig 1884–1888.
PIEHL, *Inscriptions* III	K. PIEHL, *Inscriptions hiéroglyphiques recueillies en Europe et en Egypte* III, Leipzig 1895–1903.
POSENER, in: *JEA* 35 (1949)	G. POSENER, „Les signes noirs dans les rubriques", in: *JEA* 35 (1949), 77–81.
PRIES, *Stundenwachen*	A. PRIES, *Die Stundenwachen im Osiriskult. Eine Studie zur Tradition und späten Rezeption von Ritualen im Alten Ägypten*, SSR 2, Wiesbaden 2011.
QUIRKE, *Owners*	ST. QUIRKE, *Owners of Funerary Papyri in the British Museum*, BMOP 92, London 1993.
QUIRKE, in: *Fs Smith*	ST. QUIRKE, „Women in Ancient Egypt: Temple Titles and Funerary Papyri", in: A. LEAHY / J. TAIT (Hgg.), *Studies on Ancient Egypt in Honour of H. S. Smith*, EES Occasional Publications 13, London 1999, 227–235.
RATIÉ, *Le papyrus de Neferoubenef*	S. RATIÉ, *Le papyrus de Neferoubenef*, BdE 43, Kairo 1968.
RAUE, *Heliopolis*	D. RAUE, *Heliopolis und das Haus des Re. Eine Prosopographie und ein Toponym im Neuen Reich*, ADAIK 16, Berlin 1999.
REISNER, *The Archeological Survey of Nubia*	G. A. REISNER, *The Archeological Survey of Nubia, Report for 1907–1908*, Kairo 1910.
SALEH, *Das Totenbuch in den thebanischen Beamtengräbern*	M. SALEH, *Das Totenbuch in den thebanischen Beamtengräbern des Neuen Reiches*, AV 46, Mainz 1984.
SCHNEIDER, *Shabtis*	H. SCHNEIDER, *Shabtis. An Introduction to the History of Ancient Egyptian Funerary Statuettes*, Leiden 1977.
SCHNEIDER, in: *Fs Leclant* / 4	H. D. SCHNEIDER, „Bringing the Ba to the Body. A Glorification Spell for Padinekhtnebef", in: *Hommages à J. Leclant*, BdE 106/4, Kairo 1994, 355–362.
Urk. VI	S. SCHOTT, *Urkunden mythologischen Inhalts (Urk. VI)*, Leipzig 1929–1939.

SEYFRIED, *Das Grab des Amonmose*	K. J. SEYFRIED, *Das Grab des Amonmose (TT 373),* Theben IV, Mainz 1990.
SMITH, *Traversing Eternity*	M. SMITH, *Traversing Eternity. Texts for the Afterlife from Ptolemaic and Roman Egypt*, Oxford 2009.
STAUDER-PORCHET, *La préposition*	J. STAUDER-PORCHET, *La préposition en égyptien de la première phase. Approche sémantique*, AH 21, Basel 2009.
TAKÁCS, in: *BMH* 80–81 (1994)	G. TAKÁCS, „La stèle funéraire de Nebetoudjat", in: *BMH* 80–81 (1994), 9–24.
TAWFIK, *Die Vignette zu Totenbuch-Kapitel 1*	T. TAWFIK, *Die Vignette zu Totenbuch-Kapitel 1 und vergleichbare Darstellungen in Gräbern*, Dissertation Bonn 2008.
TAIT, in: *Fs Zauzich*	J. TAIT, „A Papyrus bearing a Shrine Plan and a Book of the Dead", in: F. HOFFMANN / H.-J. THISSEN (Hgg.), *Res Severa Verum Gaudium (Fs Zauzich)*, Studia Demotica VI, Leuven 2004, 573–582 mit Tf. 52–54.
TAYLOR, *Ancient Egyptian Book of the Dead*	J. H. TAYLOR, *Ancient Egyptian Book of the Dead*, London 2010.
THIRION, in: *RdE* 33 (1981)	M. THIRION, „Notes d'onomastique, contribution à une revision du Ranke *PN*", in: *RdE* 33 (1981), 79–87.
VANLATHEM, *Cercueils et momies*	M.-P. VANLATHEM, *Cercueils et momies de l'Egypte ancienne*, Brüssel 1983.
VERHOEVEN, *Iahtesnacht*	U. VERHOEVEN, *Das saitische Totenbuch der Iahtesnacht*, PTA 41, Bonn 1993.
VOLOKHINE, *La frontalité dans l'iconographie*	Y. VOLOKHINE, *La frontalité dans l'iconographie de l'Egypte ancienne*, CSEG 6, Genf 2000.
WARD, in: *ZÄS* 102 (1975)	W. A. WARD, „The Biconsonantal Root *bꜣ", in: *ZÄS* 102 (1975), 60–67.
WENTE, *Letters*	E. F. WENTE, *Letters from Ancient Egypt*, Atlanta 1990.
WÜTHRICH, *Eléments de théologie thébaine*	A. WÜTHRICH, *Eléments de théologie thébaine : les chapitres supplémentaires du Livre des Morts*, SAT 16, Wiesbaden 2010.
YOUNG, *Hieroglyphics*	T. YOUNG, *Hieroglyphics collected by the Egyptian Society*, London 1823.
ŽABKAR, *A Study of the Ba Concept*	L. ŽABKAR, *A Study of the Ba Concept in Ancient Egyptian Texts*, SAOC 34, Chicago 1968.

ZANDEE, *Death as an Enemy*	J. ZANDEE, *Death as an Enemy according to ancient Egyptian conceptions*, Leiden 1960.
ZANDEE, in: *ZÄS* 99 (1972)	J. ZANDEE, „Sargtexte, Spruch 75. Schluss (Coffin Texts I 372 d–405 c)“, in: *ZÄS* 99 (1972), 48–63.

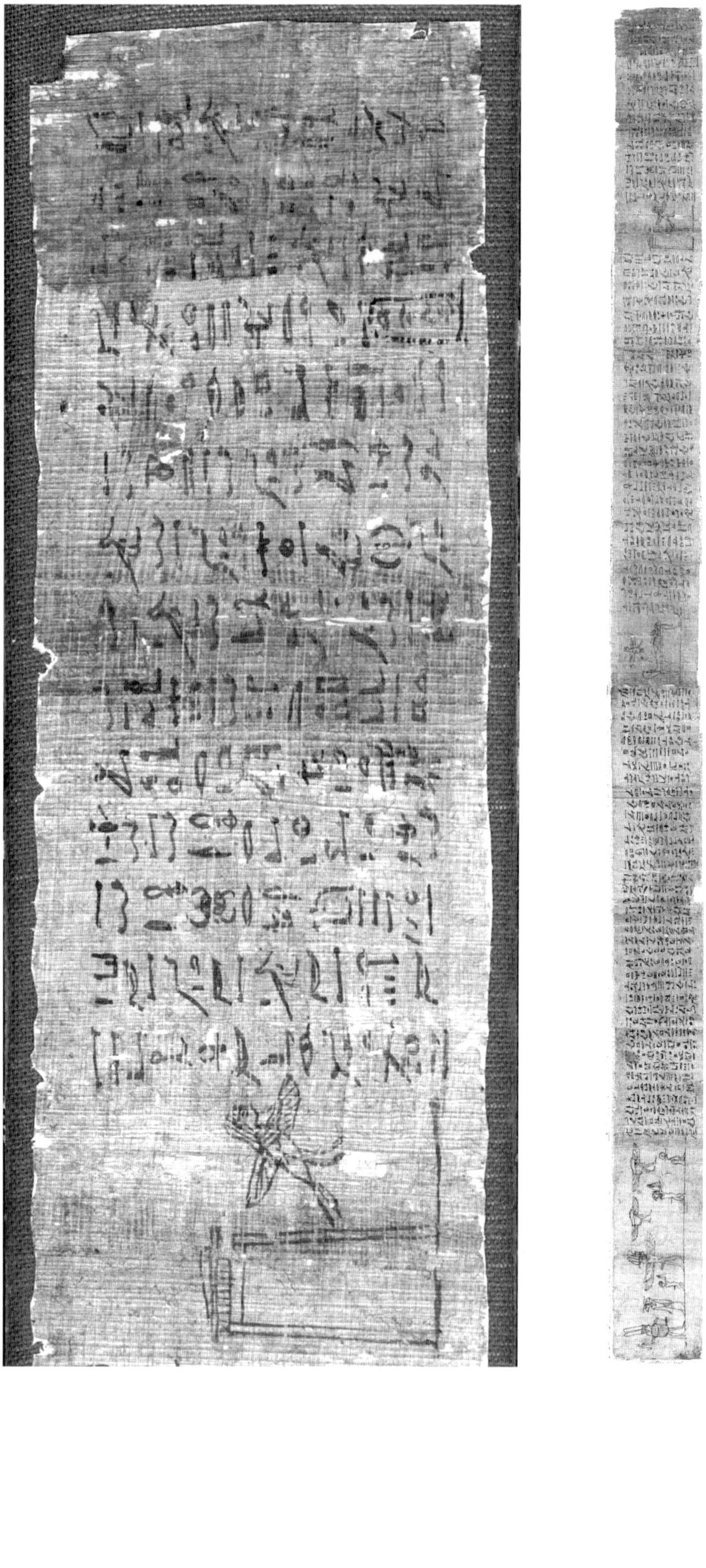

P. Berlin 3122 (© Ägyptisches Museum und Papyrussammlung Staatliche Museen zu Berlin / Sandra Steiß 2012)

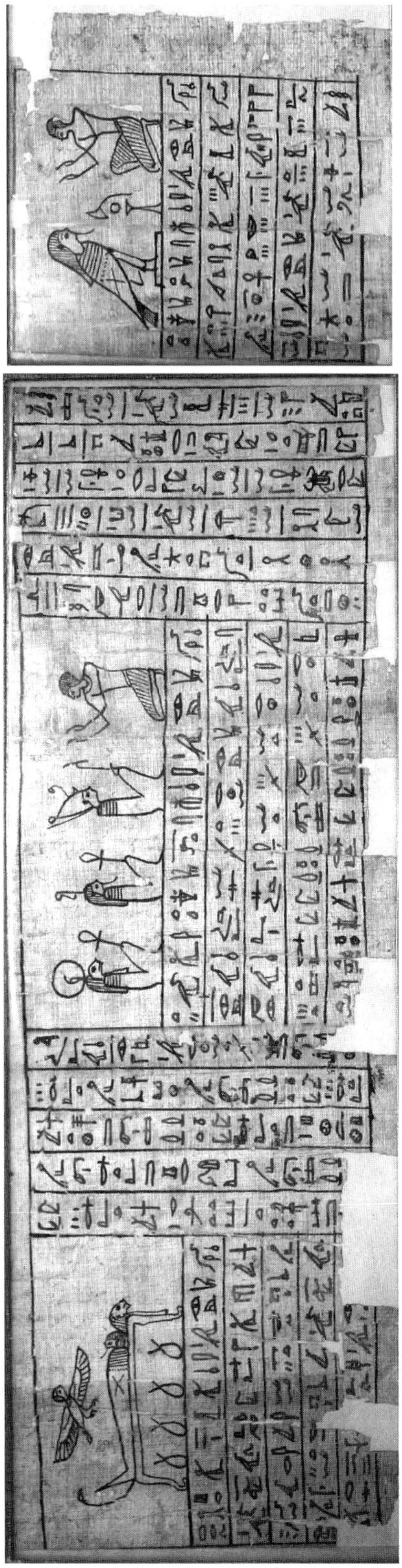

P. London BM EA 9915 (Foto: Annik Wüthrich)

P. London BM EA 9923 (Foto: Annik Wüthrich)

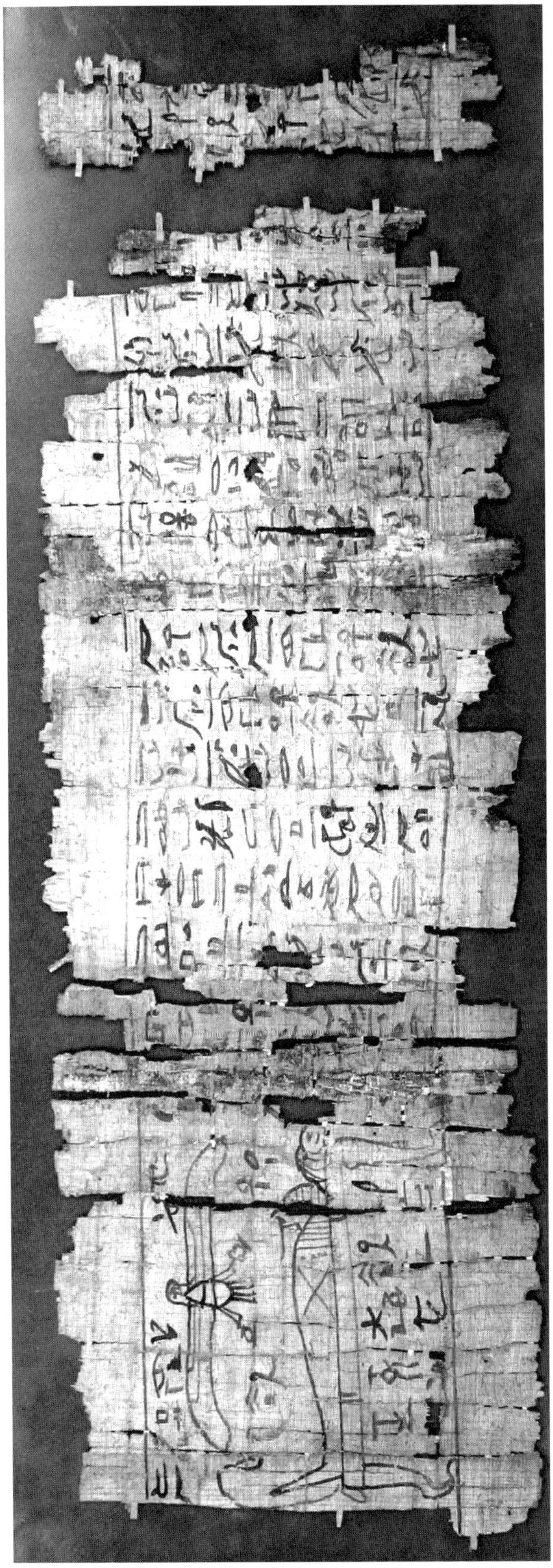

P. London BM EA 9925 (Foto: Annik Wüthrich)

P. London BM EA 9963 (Foto: Annik Wüthrich)

P. London BM EA 10218 (Foto: Totenbuch-Projekt, Bonn)

P. London BM EA 10751 (Foto: Annik Wüthrich)

P. London BM EA 73670 (Foto: Annik Wüthrich)

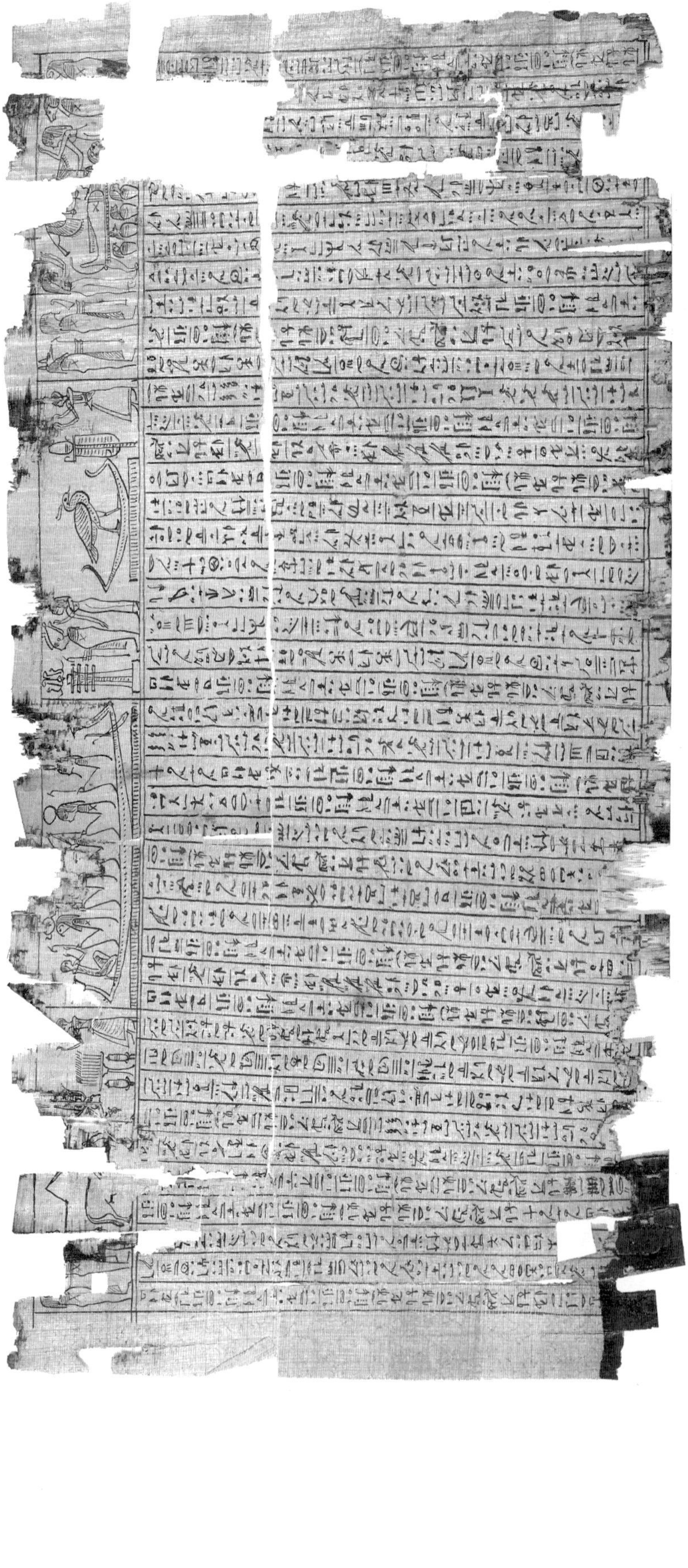

P. New York Amherst 23 (© The Morgan Library and Museum, New York 2012)

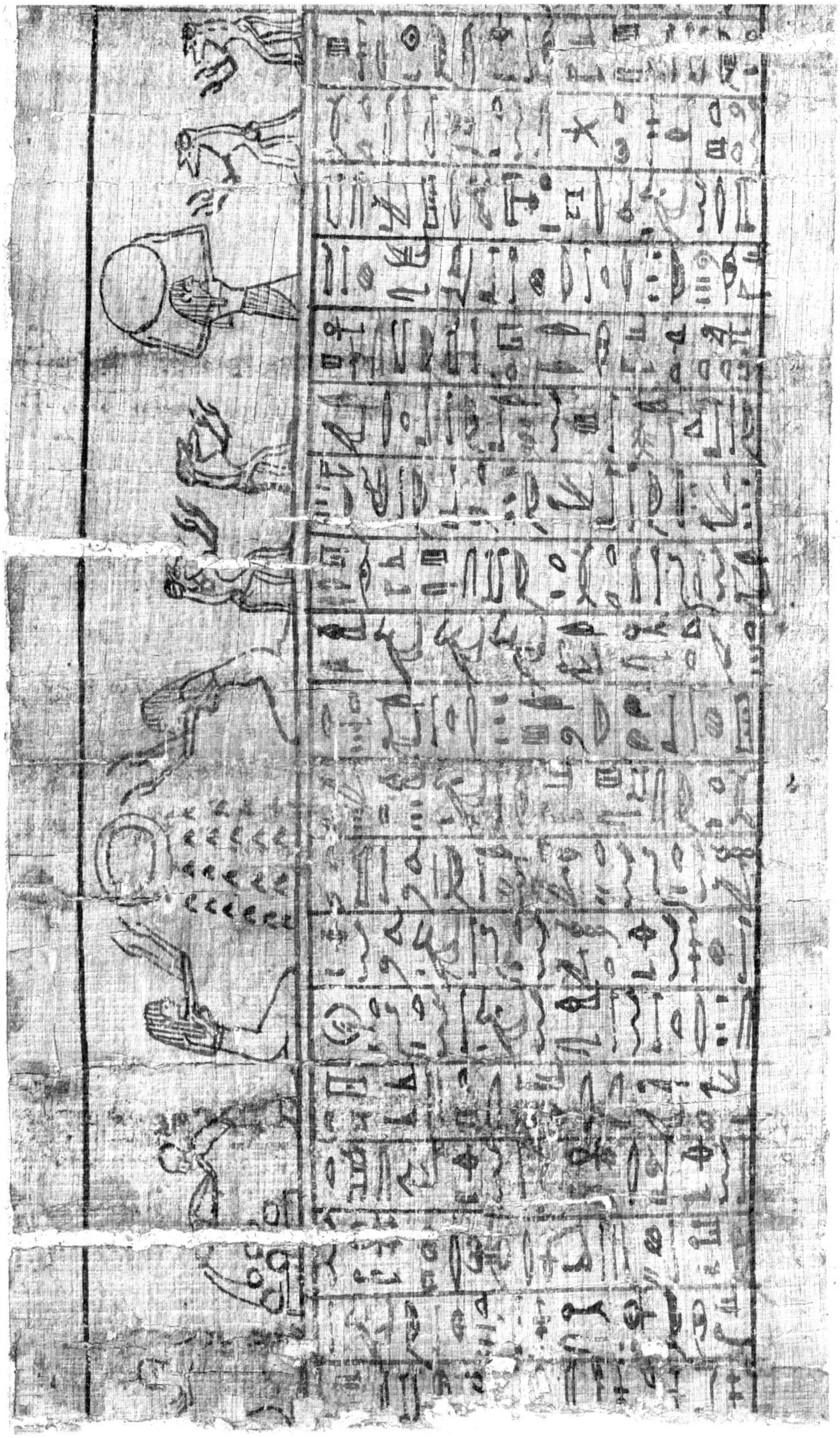

P. Paris Louvre N3093 (© 2011 Musée du Louvre / Georges Poncel)

P. Paris Louvre N3108 (© 2011 Musée du Louvre / Georges Poncel)

P. Pavia Eg. 3 (© Museo Civici del Castello Visconteo, Pavia)

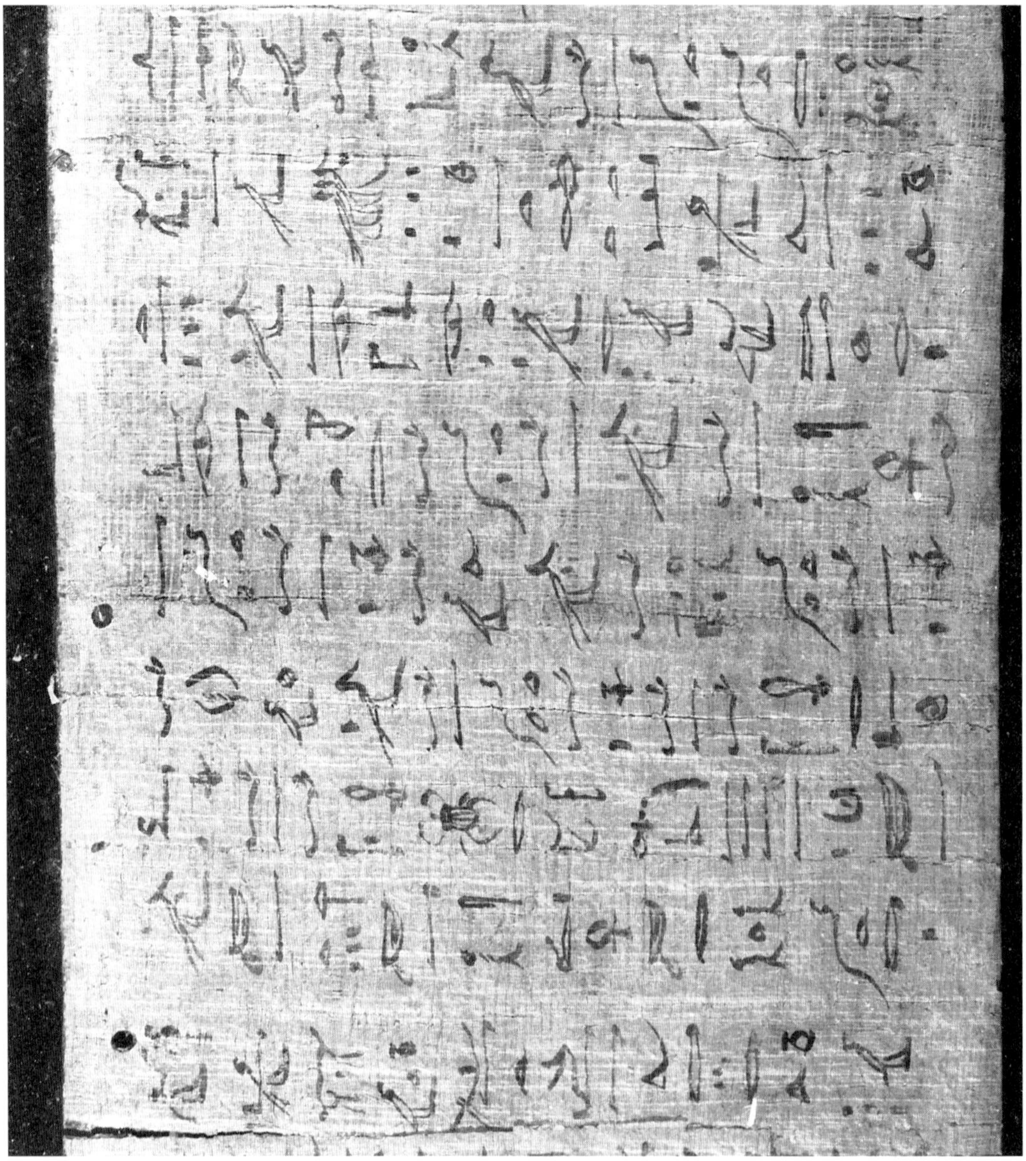

P. Vatikan 38596 (Foto: Vatican Museums)

P. Pavia Eg. 3 (© Museo Civici del Castello Visconteo, Pavia)

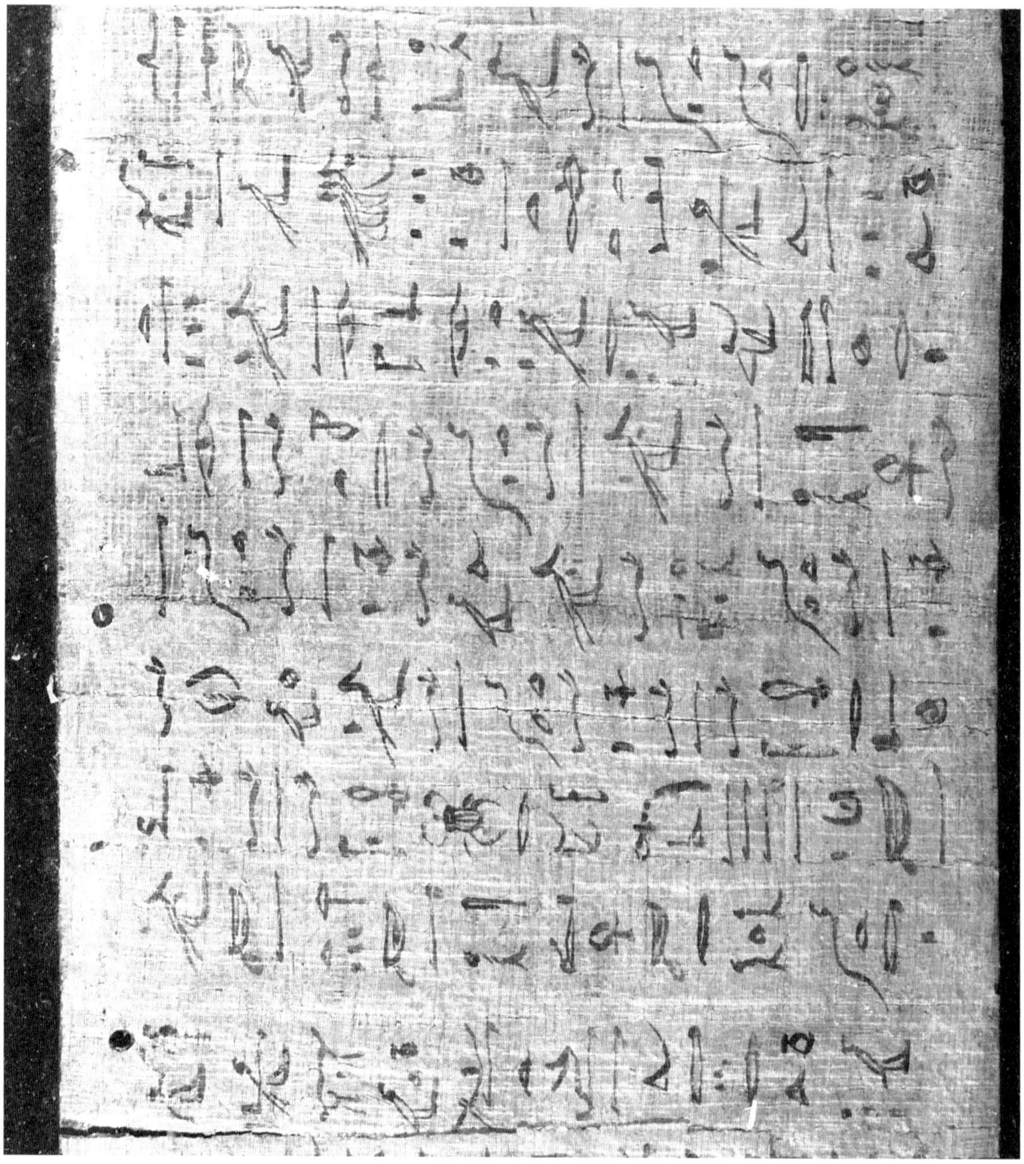

P. Vatikan 38596 (Foto: Vatican Museums)